常瑞祥 著

一体化、经济集聚与区域发展空间

YITIHUA、JINGJI JIJU
YU QUYU FAZHAN KONGJIAN

中国财经出版传媒集团

经济科学出版社
Economic Science Press

图书在版编目（CIP）数据

一体化、经济集聚与区域发展空间／常瑞祥著 .
—北京：经济科学出版社，2019.9
ISBN 978 - 7 - 5218 - 1009 - 7

Ⅰ. ①一… Ⅱ. ①常… Ⅲ. ①区域经济发展 -
研究 - 中国 Ⅳ. ①F127

中国版本图书馆 CIP 数据核字（2019）第 221434 号

责任编辑：杜 鹏 刘 悦
责任校对：刘 昕
责任印制：邱 天

一体化、经济集聚与区域发展空间

常瑞祥/著

经济科学出版社出版、发行 新华书店经销

社址：北京市海淀区阜成路甲 28 号 邮编：100142

编辑部电话：010 - 88191441 发行部电话：010 - 88191522

网址：www. esp. com. cn

电子邮箱：esp_bj@ 163. com

天猫网店：经济科学出版社旗舰店

网址：http://jjkxcbs. tmall. com

固安华明印业有限公司印装

710×1000 16 开 9.5 印张 180000 字

2019 年 11 月第 1 版 2019 年 11 月第 1 次印刷

ISBN 978 - 7 - 5218 - 1009 - 7 定价：49.00 元

前　言

改革开放以来中国经济经历了近40年的高速增长，近几年受国内外因素影响增长速度开始下滑。作为一个大国经济体，国内不同区域存在明显的经济增长阶段异质性，从拓展区域发展空间的视角可以探寻到促进经济持续增长的有效途径。目前，中国经济正经历区域接力增长过程，带动经济增长的区域空间不断发生转化与拓展，经济活动在空间上表现为高度聚集，同时市场经济体制的完善与国家政策的出台进一步促进经济一体化发展。那么，经济活动集聚是否会促进区域发展空间的拓展？不同地区及不同区域范围内经济一体化是促进经济集聚还是扩散？能否通过提高一体化程度促进经济集聚发展，进而实现拓展区域发展空间？这些问题将是本书关注的重点内容。

在中国经济增长速度下滑的背景下，研究一体化与经济集聚、经济集聚与区域发展空间之间的关系，并从一体化与经济集聚的视角，提出拓展区域发展新空间的方式与保障措施，对进一步探寻经济发展动力、保持经济持续增长具有重要的指导意义。1978年以后，中国政府强调对外开放甚于对内开放，中国国际市场一体化水平得到了显著提高。基于"价格法"测度的国内商品市场一体化表明，1999~2015年国内市场一体化程度在提高。从经济总量、第二产业增加值以及各省（市、区）地区生产总值占全国比重的变化，均可以看出经济活动向东部地区集聚的明显趋势。经济活动向城市群地区集聚的趋势也很明显。产业集聚方面，制造业的空间集聚程度在2004年达到峰值后出现了明显的下降趋势，生产性服务业在21世纪初期形成"以东部沿海为集聚中心，以东北、中西部为外围"的发展格局。

新经济地理理论及相关学者的理论研究表明，对外开放条件下，无论地理位置是否对称，随着对外贸易自由度的提高，劳动力分布都会经历从对称分布到核心—边缘分布的转变；对外开放水平较高且地理位置对称的条件下，无论劳动力初始分布状态如何，都会随着国内一体化水平的提高经历从核心—边缘结构到对称结构的转变，即经济活动经历先集聚后扩散的现象。选取中国 31 个省（市、区）1999～2015 年的面板数据对上述理论进行检验的结果表明：以第二产业衡量经济集聚时，国际和国内市场一体化水平对经济集聚程度的影响均为正，且前者对经济集聚的影响程度较大，两者交互项系数为负，它们在共同影响经济集聚方面存在相互替代效应；以第三产业衡量经济集聚时，国际市场一体化水平对经济集聚程度的影响仍然显著为正，而国内一体化水平的影响则显著为负，两者交互项系数为负，但显著性水平较低，它们共同作用经济集聚的替代效应不明显；无论以第二产业还是第三产业衡量经济集聚，均未出现国际市场一体化或国内市场一体化对经济集聚的非线性影响。经济集聚与区域发展空间格局密切相关。"点—轴系统"理论是区域发展空间格局的基础，该理论要求经济集聚，即经济活动要首先集聚在发展条件较好的"点"及连接各点的"轴"上。区域发展空间格局演变本质上是不同区域的经济集聚程度发生了变化，是经济集聚与经济扩散的统一。区域发展空间格局的形成就是地理区位和政策影响下的经济集聚与扩散过程的统一，经济集聚在该过程中发挥核心作用，地理区位和政策通过经济集聚间接发挥作用，产业的集聚与扩散引起区域的经济集聚与扩散现象。促进经济集聚（扩散）发展是一种内涵式的拓展区域发展新空间方式，大力推进区域经济一体化是实现经济集聚的重要途径，在一体化和经济集聚基础上，加强城市群与发展轴的相互耦合，形成以"城市群为核心，发展轴为引导"的区域发展新空间拓展模式。一体化与经济集聚视角下为确保区域发展新空间得以顺利拓展，一要推进户籍制度与土地制度改革；二要充分发挥市场的决定性作用；三要在消除区域间的行政壁垒、维持国内统一市场等方面正确发挥中央政府的作用。

作者

2019 年 8 月

目　　录

在着明显的经济增长阶段异质性，因此，从拓展区域发展空间的视角，可以探寻到促进中国经济更长时间持续增长的有效途径。

事实上，中国经济正在经历一个区域接力增长过程①。2001 年之后东部地区的生产率（用劳均 GDP 增长率衡量）开始低于中西部和东北地区，其作为支撑中国经济持续快速增长主要区域的地位逐步让位于内地（覃成林等，2016）。各省区经济增长速度同样表明，1978～2000 年带动中国经济增长的省（市、区）主要集中在东部地区，2001～2005 年逐渐从东部地区向中西部地区过渡，2005 年以后中西部地区省（市、区）成为带动中国经济增长的主要区域（安树伟、常瑞祥，2016）。经济区域接力增长本质上是带动经济增长的区域发展空间不断转化与拓展的过程。一些学者用不同的方法对中国区域发展新空间进行了识别。侯永志等（2015）依次按照工业化程度、城镇化程度、劳动力增长、资金聚集、物流汇聚、土地增值等六个指标，从全国 285 个地级市中筛选出 38 个潜在战略性城市，这些城市集中分布在福建（6 个）、山东（4 个）、广西（4 个）以及中部地区省份（7 个）和成渝地区（2 个）。史育龙等（2016）通过计算全国 4 个直辖市和 334 个地级行政单位，从"十五"到"十二五"三个时期经济增量对中国经济增长的贡献率，筛选出 50 个贡献率增幅越来越大的单元视为增长新空间，这些新空间集中分布在江苏（8 个）、广东（4 个）、福建（3 个）等东部地区省份，河南（4 个）、江西（6 个）、湖北（2 个）、湖南（3 个）、安徽（4 个）等中部地区省份，以及成渝地区（5 个）。2015 年《中共中央关于制定国民经济和社会发展第十三个五年规划纲要的建议》提出"拓展区域发展空间"，即"以区域发展总体战略为基础，以'一带一路'建设、京津冀协同发展、长江经济带建设为引领，形成沿海沿江沿线经济带为主的纵向横向经济轴带。发挥城市群辐射带动作用，优化发展京津冀、长三角、珠三角三大城市群，形成东北地区、中原地区、长江中游、成渝地区、关中平原等城市群。发展一批中心城市，强化区域服务功能。推进重点地区一体发展，培育壮大若干重点经济区"。未来，中国通过何种途径拓展区域发展空间以推动经济持续增长，这个问题值得思考。

---

① 所谓区域接力增长，是指一个经济体内不同区域的经济快速增长阶段递次发生且彼此衔接，从而使该经济体得以保持经济持续快速增长的现象（覃成林等，2016）。

　　经济集聚是当今世界经济发展在空间上的一个突出特征，全球土地面积 1.5% 的区域囊括了世界 1/2 的生产活动，生产主要集中在少数大城市、发达省份和富裕国家。具体的如占埃及国土面积 0.5% 的开罗，其GDP 超过了埃及的 1/2；只占巴西总面积 15% 的中南部三州，贡献了全国地区生产总值的 1/2；北美、欧盟和日本，三者的总人口不到 10 亿，却是 75% 的世界财富聚集之地（世界银行，2009）。同样，中国经济活动在区域空间上也表现为高度聚集，沿海化与城市群化倾向显著。《中共中央关于制定国民经济和社会发展第十一个五年规划纲要》明确"要把城市群作为推进城镇化的主体形态"以来，京津冀、长三角、珠三角三大城市群成为中国经济的三驾马车和增长极。随着中西部各大城市群的相继崛起，中国经济活动还将进一步集聚。2015 年《中共中央关于制定国民经济和社会发展第十三个五年规划纲要的建议》指出，"拓展区域发展空间"要加强经济轴带建设以及城市群和经济区的培育，而经济轴带建设、城市群和经济区培育的过程无疑是经济活动集聚的过程。那么，经济活动集聚是否会促进区域发展空间的拓展，两者之间存在怎样的联系与作用机制，这些问题将是本书关注的重点内容。

　　另外，新国际贸易与新经济地理理论均表明，经济一体化对经济活动集聚存在影响，并且这种影响是非线性的，即随着一体化水平提高经济活动经历先集聚后扩散的过程。实践中，随着市场经济体制的建立与完善，市场逐渐替代政府成为推动中国经济发展的主要推动力，在经济发展内在需求和基本规律作用下长三角、珠三角等区域经济一体化逐步展开。国家也不断从政策层面支持和促进经济一体化发展，《中华人民共和国国民经济和社会发展第十一个五年规划纲要》明确提出，"健全市场机制，打破行政区划的局限，促进生产要素在区域间自由流动"；《中华人民共和国国民经济和社会发展第十二个五年规划纲要》进一步指出，"建立健全城乡发展一体化制度，促进生产要素在城乡之间自由流动"；《中华人民共和国国民经济和社会发展第十三个五年规划纲要》具体指明"推动京津冀协同发展与推进长江经济带发展"。目前，中国不同地区以及不同区域范围内经济一体化程度如何，是处于促进经济集聚还是经济扩散阶段？能否通过提高一体化程度促进经济集聚发展，进而实现拓展区域发展空间？这些问题也将是本书重点要分析的对象。

第二节　选题意义

本书选题的理论意义在于：第一，在新经济地理理论框架下，广义的交通运输成本（市场一体化）是影响经济集聚的重要因素，但缺少关于一体化对经济集聚影响的专门的系统性论述。本书系统论述了核心—边缘模型中一体化对经济集聚的影响；存在对外贸易时，地理位置对称与非对称条件下对外贸易自由度对经济集聚的影响；存在对外贸易时，地理位置对称的条件下国内区域一体化对经济集聚的影响。从理论上对一体化与经济集聚之间关系的阐述，无疑是对新经济地理理论的更深入理解。第二，在新经济地理、区域经济增长与区位理论基础上，分析区域发展空间格局的理论基础、演变过程及形成机制，构建经济集聚与区域发展空间格局关系的理论框架，丰富和发展了区域空间结构的相关理论。

本书选题的现实意义在于：第一，在一体化与经济集聚关系的理论基础上，将国际市场一体化与国内市场一体化纳入影响经济集聚的实证分析模型中，不仅是对现有理论的验证并为其提供证据支持，更重要的是可以较为准确地判断中国当前的一体化水平和经济集聚程度，为是否需要促进区域经济一体化或经济集聚（扩散）发展提供决策依据。第二，在一体化与经济集聚、经济集聚与区域发展空间理论和实证分析基础上，从一体化与经济集聚的视角提出拓展区域发展新空间的方式与保障措施，可以为选择拓展区域发展新空间的方式与途径提供科学依据和现实指导，为进一步探寻经济发展动力源泉、保持经济平稳持续增长的途径指明了方向，对促进中国经济更好地发展具有重要的现实意义。

第三节　研究方法

一、文献研究法

广泛搜集有关区域经济一体化、经济集聚、区域发展空间、一体化与经济集聚关系等领域的文献，对文献内容进行梳理、归纳和总结，在理论和实证层面对区域经济一体化与经济集聚、经济集聚与区域发展空间的关系有了系统性认识，在此基础上提出了本书的观点并进行了论证。

二、理论研究和实证研究相结合的研究方法

在理论研究方面，主要是系统归纳了不同条件下一体化对经济集聚的影响，构建了经济集聚与区域发展空间关系的理论框架；实证研究主要是依托已有理论框架，将一体化作为核心解释变量引入影响经济集聚发展的计量模型，采用面板数据模型的固定效应方法，对一体化与经济集聚之间的关系进行了检验。

三、空间统计法

基于 ArcGIS 软件，对中国不同地区经济一体化与集聚程度在空间上进行了可视化表达。

第四节　本书结构

本书在系统梳理国内外关于一体化、经济集聚、区域发展空间等相关文献的基础上，运用区位理论、传统贸易理论、新经济地理理论等相关理论，深入剖析一体化与经济集聚、经济集聚与区域发展空间的相互关系与作用机理，选择相关研究方法与计量模型实证分析一体化与经济集聚的关系，基于一体化与经济集聚视角提出拓展我国区域发展新空间的思路与保障措施。本书总体上遵循了从现象到理论、从理论到实证、再从实证到实践的分析思路。各章节的主要内容如下。

第一章是导论。介绍了本书的选题背景和选题意义、所采用的研究方法、全书结构以及创新和有待进一步探讨的问题。

第二章首先对区域经济一体化、经济集聚（扩散）、区域发展空间等概念进行了界定，并详细阐述了经济（扩散）的理论基础；其次对影响经济集聚因素的实证分析，一体化对经济集聚（扩散）的影响，区域发展空间格局的演变形式与机理，区域发展新空间的识别，拓展区域发展新空间的途径等

方面的文献进行了综述。

　　第三章是对中国市场一体化状况和经济活动集聚现象的基本描述。关于市场一体化状况分析，不仅描述了中国国际市场一体化的变化趋势，而且在现有研究关于国内市场一体化形成的分歧与共识基础上，基于"价格法"测度了国内产品市场一体化水平，另外，还根据现有研究总结出影响国内市场一体化趋势变化的因素；对中国经济活动集聚现象的描述从区域、城市群、产业三个层面进行，区域层面主要描述经济活动向东部沿海地区集聚的状况，城市群层面重点选择了十一个城市群进行分析，产业层面主要描述制造业和生产性服务业的集聚趋势。

　　第四章运用新经济地理理论分析核心—外围模型、自由资本模型以及对外开放条件下一体化对经济集聚影响。自由资本模型下分别论述了对称条件下和市场规模、要素禀赋非对称条件下一体化对经济集聚的影响。对外开放条件下分别论述了地理位置对称与非对称条件下对外贸易自由度对经济集聚的影响，以及国内市场一体化对经济集聚的影响。

　　第五章是对一体化与经济集聚关系的实证分析。本章在分析影响经济集聚因素的基础上，构建了影响经济集聚的计量模型，选取中国31个省（区、市）1999～2015年的面板数据，采用固定效应模型重点考察国际市场一体化、国内市场一体化以及两者共同作用对经济集聚的影响效应，经济集聚程度分别用各地区第二产业和第三产业增加值占全国的比重衡量。

　　第六章以区域发展空间格局为切入点，分析了区域发展空间格局的基础、演变和形成机制，从而揭示了经济集聚与区域发展空间格局之间的关系。

　　第七章在前文关于一体化与经济集聚、经济集聚与区域发展空间格局关系分析的基础上，从一体化与经济集聚的视角提出拓展区域发展新空间的思路和保障措施。

　　第八章是结论与政策含义，总结上述各章内容的要点，并指出结论中蕴含的政策含义，以期为相关政策制定提供决策参考。

　　本书研究思路和框架结构如图1-1所示。

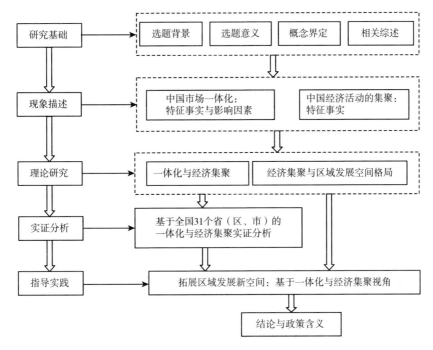

图1－1　本书研究思路和框架结构

第五节　本书创新与有待进一步探讨的问题

本书的创新主要有以下三点：第一，在新经济地理理论框架下，结合相关学者的研究系统分析了不同条件下一体化对经济集聚的影响，并以此为理论基础运用中国 31 个省（区、市）1999～2015 年的面板数据，对一体化与经济集聚的关系进行了实证分析。构建的计量模型中，将国际市场一体化和国内市场一体化作为核心解释变量，同时考虑了它们各自可能存在的非线性影响以及两者的交互影响；考虑到第二产业和第三产业的集聚程度有所不同，影响其集聚的因素也存在差别，分别使用第二产业和第三产业所占比重衡量的经济集聚程度作了回归分析。第二，尝试从理论上分析经济集聚与区域发展空间格局的关系，认为区域发展空间格局的基础——"点—轴系统"理论是要求经济集聚的；区域发展空间格局演变本质上是经济集聚的区域发生了变化，或者说是不同区域的经济集聚程度发生了变化，是经济集聚与经济扩

劳动力等生产要素配置方面作出，认为一体化"过程"是即将形成全面一体化的各组成国家之间的生产要素进行再配置，一体化"状态"则指已经形成一体化的各组成国家之间生产要素的配置达到了最佳状态。在一个国家内部，不同区域之间可以形成经济一体化，不同国家之间也可以形成经济一体化，若只是不同国家接壤地区形成的一体化称为次区域性一体化（Markoop，1974）。

经济一体化是生产要素价格实现均等化的过程，该过程的实现可能是通过共同的商品市场，也可能是通过共同的生产要素市场，或者是两者的结合，同时也可以是指宏观经济政策的一体化、生产要素的自由移动以及成员国之间的自由贸易（Lindert，1978）。国际经济一体化一般会表现出三个明显的特点（Robson，1991）：第一，在一定的条件下形成一体化的国家之间的歧视不再存在；第二，形成一体化的国家对非成员国仍然保持歧视；第三，形成一体化的成员国试图保持长久的共同特性，并在单边使用限制性的经济政策工具上保持高度一致。丁伯根（Tinbergen，1999）从生产要素流动性与政府机构之间的关系对经济一体化进行分析，将经济一体化划分为"消极一体化"和"积极一体化"。"消极一体化"仅仅指不同国家或区域各自的规章制度消除，以及各自的商品、资金和劳动力流动的壁垒消除，是对物理边界的消除；"积极一体化"则更强调建立新的统一的规章制度，通过新建立的规章制度纠正由自由市场产生的错误信号，并同时使得自由市场统一力量的作用得以加强。低水平的一体化属于"消极一体化"，以政治一体化为目标的高水平一体化是"积极一体化"（Best，1997）。从经济层面看，区域一体化强调国家间各种贸易障碍的消除，在政治层面旨在形成制度、政策、态度和安全方面的共同体，在社会层面则注重国家之间在贸易、邮政、旅游等方面的交流（Bernstein，1972；Nye，1968；Puchala，1970）。

国内学者对经济一体化的研究始于20世纪70年代初，对其概念的界定多数是对西方学者提出概念的借鉴与演绎，较具代表性的观点有如下几种。经济一体化是参与者为了获取共同利益而让渡部分国家民族经济主权，并由参与者共同进行国际经济调节和行使这部分经济主权（刘崇仪，1985）。地区经济一体化最简单的内涵是两个或两个以上国家在共同利益基础上，实现专业化分工与产品交换，全部含义是两个或两个以上的国家在各自政府一定授权的共同机构下，通过共同协商，利用地区内部市场促进专业分工，发展规模经济，逐步消除贸易，达到成员国间互利互惠，并增强它们在世界经济中的地位和作用（周建平，1988）。经济一体化是再生产过程中各个阶段国际经济障碍的消除（张幼文，1997）。孟庆民（2001）将区域经济一体化定义为：不同的空间经济主体之间为了生产、消费、贸易等利益的获取，产生的市场一体化的过程，包括从产品市场、生产要素（劳动力、资本、技术、信息等）市场到经济政策统一逐步演化。景普秋等（2002）、孙大斌（2003）、安虎森等（2007）着重对国内区域经济一体化作了界定，认为经济一体化指在一个主权国家范围内，具有地缘关系的省区之间、省内各地区之间、城市之间，为谋求发展而在社会再生产的某些领域实行不同程度的经济联合调节，形成一个不受区域限制的产品、要素、劳动力及资本自由流动的统一区域市场的动态过程，也是消除阻碍经济有效运行的人为因素，实现经济合作与统一的过程。其目的是在区域内实行地区合理分工，优化资源配置，提高资源使用效率。张幼林（2004）将区域经济一体化的含义概括为：在一定区域内，通过统一基本方略、规划布局、发展政策，整合资源，建立合理的利益调节机制，健全有效的激励约束制度，以最大限度地减少内部耗损（恶性竞争、行政壁垒），保证本区域内部各方面运转有序、分工科学、扬长避短和合作共赢，从而使整个区域实现经济利益最大化，对外更具有竞争力。陈建军（2009）指出，经济一体化就是将有关阻碍经济有效运行的、包括商品和要素自由流动的人为因素加以消除，通过相互协作与统一创造最适宜的国际（或区域）经济结构，经济一体化包括通过组织机构形成的制度一体化和通过市场建立的非制度性经济联系，其本质特征按照分工要求调整各国（地区）经济结构，从而使生产要素和产品能够充分流动并获得无差别待遇。在一体化区域内经济是日趋集中的，生活水准是最终趋同的，区域一体化是一个增加开发密度、缩短联系距离、减少相互分割的过程（世界银行，2009）。

综合上述关于经济一体化概念的界定，我们认为，经济一体化是状态与过程、手段与目的的统一，本质是各区域为获取经济集聚及互补效应，通过各种制度安排及其地域功能的合理配置，促使区域整体效益最大化的状态和过程。尽管区域一体化表述的侧重点不同，但都强调区域一体化作为促进生产要素充分自由流动、实现生产要素的优化配置和提高整体的经济效率的实质，结果是形成一个不受地域限制的产品和要素自由流动的统一市场。从地域范围出发，经济一体化分为国际区域经济一体化与国内区域经济一体化（赵俊平等，2012；张可云，2015）。两者的主要差别在于国际区域经济一体化因国界而形成关税同盟，而国内区域经济一体化则是跨行政区域，不存在关税同盟但可能存在"行政壁垒"。本书中的"一体化"主要指国内区域经济一体化，且在衡量一体化程度时通过商品市场一体化程度反映。"市场一体化"与"市场分割"是两个相对应的概念，从一定意义上说，建设统一开放市场的过程就是逐步打破、消除地方市场分割的过程（徐现祥等，2005）。故本书分析市场一体化问题时很多用到"市场分割"这一概念，也有学者用"市场整合"来代替"市场一体化"。

二、经济集聚与扩散

（一）经济集聚与扩散的概念

集聚是经济活动的集中，它由某种循环逻辑创造并维持（藤田昌久、克鲁格曼，2010），同时集聚也是经济的空间集中进一步促使经济集中的趋势（安虎森等，2009）。集聚和集中都指经济活动的某个部分作为一个整体分布在某一个区域，但集中是指某类明确划分的部门，而集聚分析的是经济活动的更大部分的空间位置，包含的部门更多，有集聚一定有集中，有集中则不一定有集聚。另外，两者的时态也不同，集中是静态的概念，集聚是动态的（Brlühart，1998）。因此，经济集聚包含两层含义：一层是静态的，是经济活动在空间上集中的状态；另一层是动态的，是经济活动在空间上不断集中的过程。经济集聚出现在不同的空间层面上，通常可以分为三个层次：最低层次为特定产业的集聚，中等层次为城市的形成，最高层次为整个区域的不均衡发展（克鲁格曼，2000；梁琦，2004）。也有学者将其描述为，经济集聚根据集聚的空间范围分为产业群、城市、城市群三种形式（皮亚彬，2014）。不同层次的经济活动集聚紧密相关，城市的形成和城市空间体系的演变规律可以用产业集聚、扩散来解释（吕力，2005）。城市规模效应来自产业自发的空间集聚过程，城市规模的上限取决于产业集聚与扩散的临界点，达到临界点以后，产业按照价格指数效应和内部市场效应由低到高的顺序，效应较低的产业先扩散，带动城市的扩散，由此形成了大、中、小城市在一定区域内有序分布的空间体系，城市体系发育较好的地区就会形成城市群。国内外学者对产业集聚的概念界定较多，例如，正外部性与经济活动的区域集中相联系的规模经济和范围经济，以及相联系的生产机构的共同定位（Smith，

1994）；在某一领域内的相关工业及联合机构中（大学、标准化机构及贸易团体），既相互竞争又彼此合作的公司、专业供应商、服务商、生产商等集中在某一地区工业现象（波特，2002）；经营相同或相关产业的一群企业在地理上的集中（施文鑫，2009）。经济集聚实际上是企业区位选择的宏观表现，区位论是解释经济活动集聚的重要理论依据，也是研究集聚现象的出发点。杜能（1826）的农业区位论是对工业化前德国农业生产活动围绕城市布局的特征进行的研究，该模型设想了一个孤立的城市，城市的供应品由周围乡村的农民提供，每个农民都面临地租和运费之间的权衡取舍。阿隆索（Alonso，1964）用通勤者代替农民、用中央商务区代替孤立的城市对该模型做了重新解释，这个"单中心城市模型"又一次产生了土地利用的同心圆结果。韦伯（Weber，1909）首次建立了有关集聚的一套规则和概念。他认为，工业在一个地方集聚与否可以看成集聚力与分散力平衡后的最终结果，分散要素无非是集聚的相反倾向而已。所谓集聚要素是使在某一地点集中产生优势或成本降低的要素，而分散要素则是使生产分散化产生优势的要素。以克里斯塔勒和勒施为代表的中心地理论，假设在一片普通的平原上均匀地居住着一群农民，而为他们服务的一些活动如制造业、行政管理等，由于受到规模经济的约束而不能均匀分布。那么，在自由经济条件下，个别企业的正确区位乃是位于纯利润最大的地点，即权衡规模经济和运输成本后会产生一个中心地区点阵，该点阵中的每个中心地区都为周围的农民服务。勒施（1939）将"集聚"称为"集积"，研究区位的相对位置时将区位的集积分为点状集积和平面的集积。胡佛（Hoover，1948）在完全竞争的市场和生产要素自由流动假设下，进一步分析了交通成本和生产成本对产业区位的影响，其中生产成本与劳动力成本、集聚经济以及规模收益递减等相关。1956 年，艾萨德出版了《Location and Space Economy》，把区域问题重新表述为一个标准的替代问题：厂商可以被看作在权衡运输成本与生产成本。新经济地理学以"规模收益递增和垄断竞争"假设取代"完全竞争和规模收益不变"的传统假设，采用 D–S 垄断竞争模型处理规模收益递增与垄断竞争市场结构的关系，引入萨缪尔森 1952 年提出的"冰山运输成本"取代传统的运输成本，借助于生物学中的演化过程与计算机进行数值模拟，建立了把空间纳入一般均衡框架中的新的均衡模型，使得以前无法解释或处理为"黑箱"的经济活动空间集聚形成的内在机制得到令人信服的解释。新经济地理学基本模型的数理分析表明，即使两个区域初始条件完全相同且不存在外力作用，经济系统的内生力量终将使区域演化分异，产业集聚不可避免，甚至形成极端的核心—边缘结构。核心区的巨大优势往往由最初微弱的优势在演化中不断累积而成，最初的优势则可能来自先天优越的自然地理条件、偶然的历史事件或随机的微小扰动，由于循环累积因果机制的存在，累积过程无须借助外力就能持续进行下去。但是，经济空间也并非只是存在着集聚力，土地在空间上不能移动、土地租金、某些不可流动或只具有部分流动性特征的生产要素、运输成本、贸易成本、拥挤导致的负面效应或不经济等因素的存在导致了与集聚力相反的力量——分散力的存在，分散力与集聚力之间复杂的相互作用或权衡导致了现实世界经济空间的复杂多样和富于变化，两种力量之间时刻处于"拉锯战"状态，随着对立双方力量的此消彼长，经济空间格局也随之改变。其中的关键在于贸易自由度的变化，一个基本的规律是在贸易自由度很低时，人口和产业呈分散布局；在中等水平的贸易自由度条件下，人口和产业在空间上迅速集聚；当贸易自由度很高时，人口和产业又倾向于分散布局。总之，循环累积因果机制是导致经济集聚的关键，贸易自由度的变化对循环累积因果机制起决定性的影响作用。

集聚与扩散是两个对立统一的过程，两者并存，集聚是绝对的，扩散是相对的，因为要素流动必然导致集聚，扩散可视为新一轮的集聚（周文良，2006）。之所以存在集聚与扩散之分是因为参照系不同，扩散相对于原要素流出地而言是扩散，但相对于将来新的集聚地而言本身又是集聚，经济扩散并非经济集聚的对立面。从发生的时间先后顺序来看，经济集聚发生先于经济扩散，某区域一定是先有经济集聚现象之后才有扩散。随着市场化进程的加快，中国经济活动经历或正在经历这样的集聚与扩散过程，先是经济活动向东部地区集聚，之后部分产业开始向西部地区扩散并形成再集聚。促进集聚的极化效应使区域经济从孤立、分散走向局部集聚的不平衡阶段，扩散效应则使集聚逐步向全区域推进，集聚与扩散与否的内在机制是向心力和离心力的相互作用。经济集聚与扩散过程中，经济活动空间分布动态变化趋向不同，前者是由分散的广域空间向相对狭小的地域空间集中和聚合，后者则由分布密集的地域空间向周围广域空间扩展和分散（胡序威等，2000）。也有学者用"发展剥夺"和"发展扩散"来描述经济集聚与扩散现象（董姝娜，2016），发展剥夺指发达地区在发展过程中，通过要素的集聚作用吸纳周边地区资金、人才、劳动力等经济要素；发展扩散则指发达地区的资金、技术、创新、制度、信息、价值观念等经济要素向周边地区传递、输送，间接地促进了其他地区经济发展的外部行为。美国发展经济学家阿瑟·刘易斯较早观察到产业扩散与转移现象，在《国际经济秩序的演变》一书中，刘易斯从劳动力成本角度分析了产业转移或扩散的经济动因，但当时并未使用"产业扩散"一词，而是使用"产业转移"。真正将"集聚"与"扩散"联系起来进行整体考察的是佩鲁的增长极理论。增长极是具有推动性的主导产业和创新行业及其关联产业集聚于特定的地理空间而形成的区域经济增长中心（李小建，2008）。增长极对周边地区经济发展具有极化与扩散效应，极化效应指增长极的推动性产业吸引周边地区的资金、原材料、劳动力等生产要素不断向增长极集聚，从而扩大增长极的发展规模，但极化效应不是无限的；扩散效应指增长极将自身的生产要素以及先进的技术、生活理念等输出到周边地区，从而刺激和拉动周边地区经济发展，扩散效应的强弱取决于增长极能量积累状况。极化效应促进区域内经济活动集聚发展，扩散效应则推动经济活动向周边地区扩散，两种效应存在于区域经济发展的整个过程中，区域经济最终呈现集聚还是扩散发展取决于两种效应的综合影响，即溢出效应。1957年，缪尔达尔在《经济理论与不发达地区》一书中提出"扩散效应"和"回波效应"概念，用以说明地区间经济发展的不平衡性。"扩散效应"是指一国（或一地）某一地区由于某种经济、技术或政策原因而形成的经济中心对周边地区的扩散和辐射，"回波效应"指一国（或一地）某一地区经济中心的形成与发展引起其他地区的衰落，这两种效应都存在累积循环过程。1958年赫希曼提出了区域经济非均衡增长的"核心—边缘"理论，认为在核心区和边缘区之间也存在着两种相反方向的作用力，即"极化效应"和"涓滴效应"。发达地区或中心城市的经济增长对落后地区或腹地产生的有利影响为"涓滴效应"，产生的不利影响为"极化效应"。区域经济发展最终趋向极化还是均衡，取决于回流效应还是扩散效应占优势，缪尔达尔对此持悲观看法，认为极化效应是发展的主导趋势，尤其在落后地区，郝希曼则认为均衡是长期发展趋势。事实上，无论是缪尔达尔累积循环理论中扩散效应与回波效应，还是郝希曼核心—边缘理论中的极化效应与涓滴效应，都是增长极理论的进一步延伸。

　　经济增长的不同阶段，区域内不同地区间相互作用的方式不同，经济活动集聚与扩散的强度也有所不同。弗里德曼的中心—外围理论，将区域空间结构的演变分为前工业阶段、过渡阶段（工业化初期）、工业化阶段和后工业化阶段，每一阶段经济活动表现为不同的集聚与扩散过程。前工业阶段，

水力、适宜的气候，或者可以包括现在正在予以利用的可能劳动力和资本等。关于交通运输，它可以指河流的河谷以及若干河流汇合地点而言，对于消费者来说，它意味着气候和景观。在自然体系之下，有利地点在区位未决定之前是不显现的，而内在的供给源是在区位决定以前已经存在了。对于生产区位带状区域的集积，生产同类财货区位地带的形成，主要是专业化的利益，而专业化的不利却阻碍这些地带只生产该地带成名的单一生产物。这些地带以与城市同样的理由形成，即位置、供给来源地和规模经济。另外，胡佛（1948）在完全竞争的市场和生产要素自由流动假设下，进一步分析了交通成本和生产成本对产业区位的影响，其中生产成本与劳动力成本、集聚经济以及规模收益递减等相关。1956 年，艾萨德出版了《Location and Space Economy》，把区域问题重新表述为一个标准的替代问题：厂商可以被看作在权衡运输成本与生产成本。

从早期的区位理论视角来看，经济活动集聚的机制在不断演化，古典区位论以成本最小化为目标，强调要素供给对产业集聚的影响；新古典区位论以利润最大化为区位目标，强调市场需求对经济集聚的作用。但古典区位论从假设集聚的形式开始，不能解释集聚在某地产生的原因，新古典区位论虽然没有假设中心的存在，但其市场需求是既定的存在，是外生的。因此，传统区位理论更多的是对经济活动空间集聚现象的描述，而不是解释。另外，由于当时处于经济发展的初期阶段，经济活动空间集聚现象表现较明显，而扩散趋势因通常观察不到而被忽略，故早期的区位论很难用于解释经济扩散现象。

美国发展经济学家阿瑟·刘易斯较早观察到产业扩散与转移现象，在《国际经济秩序的演变》一书中，刘易斯从劳动力成本角度分析了产业转移或扩散的经济动因，但当时并未使用"产业扩散"一词，而是使用"产业转移"。真正将"集聚"与"扩散"联系起来进行整体考察的是佩鲁的增长极理论。增长极是具有推动性的主导产业和创新行业及其关联产业集聚于特定的地理空间而形成的区域经济增长中心（李小建，2008）。增长极对周边地区经济发展具有极化与扩散效应，极化效应指增长极的推动性产业吸引周边地区的资金、原材料、劳动力等生产要素不断向增长极集聚，从而扩大增长极的发展规模，但极化效应不是无限的；扩散效应指增长极将自身的生产要素以及先进的技术、生活理念等输出到周边地区，从而刺激和拉动周边地区经济发展，扩散效应的强弱取决于增长极能量积累状况。极化效应促进区域内经济活动集聚发展，扩散效应则推动经济活动向周边地区扩散，两种效应存在于区域经济发展的整个过程中，区域经济最终呈现集聚还是扩散发展取决于两种效应的综合影响，即溢出效应。1957 年，缪尔达尔在《经济理论与不发达地区》一书中提出"扩散效应"和"回波效应"概念，用以说明地区间经济发展的不平衡性。"扩散效应"是指一国（或一地）某一地区由于某种经济、技术或政策原因而形成的经济中心对周边地区的扩散和辐射，"回波效应"指一国（或一地）某一地区经济中心的形成与发展引起其他地区的衰落，这两种效应都存在累积循环过程。1958 年赫希曼提出了区域经济非均衡增长的"核心—边缘"理论，认为在核心区和边缘区之间也存在着两种相反方向的作用力，即"极化效应"和"涓滴效应"。发达地区或中心城市的经济增长对落后地区或腹地产生的有利影响为"涓滴效应"，产生的不利影响为"极化效应"。区域经济发展最终趋向极化还是均衡，取决于回流效应还是扩散效应占优势，缪尔达尔对此持悲观看法，认为极化效应是发展的主导趋势，尤其在落后地区，郝希曼则认为均衡是长期发展趋势。事实上，无论是缪尔达尔累积循环理论中扩散效应与回波效应，还是郝希曼核心—边缘理论中的极化效应与涓滴效应，都是增长极理论的进一步延伸。

（三）新经济地理理论对经济集聚（扩散）的解释

虽然传统的区位理论和新古典贸易理论对经济活动的区位选择进行了大量的研究并获得了一些突破性进展，但由于长期以来缺乏处理规模收益递增和不完全竞争的技术工具，空间维度长期游离于主流经济学之外，难以登上主流经济学的"大雅之堂"。在这种情况下，研究空间经济现象时不得不假设经济活动聚集体或城市是外生的，同时把这种经济活动空间聚集视为一种"黑箱"来处理。传统的区域科学试图从规模经济、运输成本、要素流动之间的相互作用角度解释经济活动的空间集聚现象，然而对诸如为何发生、何地发生以及是否稳定等问题无法给出令人信服的解释。普雷德（1966）提出的基础—乘数模型和哈里斯（1954）提出的市场潜力概念被广泛应用，这两个模型虽然考虑到市场的内生性问题，但基础—乘数模型在预算约束方面无法说清楚收入来自何方以及消费在何处的问题，并且两者均未将运输成本纳入模型，尽管运输成本在区位的关联效应中发挥着非常重要的作用。

1977 年迪克希特和斯蒂格利茨发表的《垄断竞争和最优的产品多样化》，发展了张伯伦的垄断竞争理论，建立了 D－S 垄断竞争模型，为处理规模收益递增与不完全竞争问题提供了技术工具。随后在经济学领域掀起了规模收益递增和不完全竞争革命的四次"浪潮"，相继形成了产业组织理论、新贸易理论、新增长理论和新经济地理学理论。新经济地理学的出现以克鲁格曼（1991）的《收益递增与经济地理》为标志，此文建立了著名的核心—边缘模型，奠定了新经济地理学的理论基础，后来经过克鲁格曼、鲍德温、马丁等学者的努力，初步形成了较为完整的新经济地理学理论框架。新经济地理学以"规模收益递增和垄断竞争"假设取代"完全竞争和规模收益不变"的传统假设，采用 D–S 垄断竞争模型处理规模收益递增与垄断竞争市场结构的关系，引入萨缪尔森于 1952 年提出的"冰山运输成本"取代传统的运输成本，借助于生物学中的演化过程与计算机进行数值模拟，建立了把空间纳入一般均衡框架中的新的均衡模型。新经济地理学的兴起，使得以前无法解释或处理为"黑箱"的经济活动空间集聚形成的内在机制得到令人信服的解释。新经济地理学的众多模型深刻揭示了规模经济、贸易自由度、要素流动等的相互作用如何导致经济空间格局的演化，需求规模、市场关联、需求偏好、知识溢出、心理预期、外生差异等具体因素作用其间，虽然关系复杂，但都基于规模收益递增和垄断竞争而起作用，具有内在的统一性，其核心思想如下所述（安虎森，2009）：即使不存在外生差异，经济空间也必然会发生演化分异，在本来就存在外生差异的条件下，经济空间的演化更在情理之中，并且偶然的历史事件等外生因素经常起重要作用。新经济地理学基本模型的数理分析表明，即使两个区域初始条件完全相同且不存在外力作用，经济系统的内生力量终将使区域演化分异，产业集聚不可避免，甚至形成极端的核心—边缘结构。核心区的巨大优势往往由最初微弱的优势在演化中不断累积而成，最初的优势则可能来自先天优越的自然地理条件、偶然的历史事件或随机的微小扰动，由于循环累积因果机制的存在，累积过程无须借助外力就能持续进行下去。但是，经济空间也并非只是存在着集聚力，土地在空间上不能移动、土地租金、某些不可流动或只具有部分流动性特征的生产要素、运输成本、贸易成本、拥挤导致的负面效应或不经济等因素的存在导致了与集聚力相反的力量——分散力的存在，分散力与集聚力之间复杂的相互作用或权衡导致了现实世界经济空间的复杂多样和富于变化，两种力量之间时刻处于"拉锯战"状态，随着对立双方力量的此消彼长，经济空间格局也随之改变。其中的关键在于贸易自由度的变化，一个基本的规律是在贸易自由度很低时，人口和产业呈分散布局；在中等水平的贸易自由度条件下，人口和产业在空间上迅速集聚;当贸易自由度很高时,人口和产业又倾向于分散布局。总之,循环累积因果机制是导致经济集聚的关键,贸易自由度的变化对循环累积因果机制起决定性的影响作用。

核心—边缘模型中经济活动集聚的实现,依赖于两个重要的经济效应产生的循环累积因果机制,即"市场接近效应"和"生活成本效应"。市场接近效应,也称本地市场效应,指在同等条件下,工业企业在选择生产区位时偏好市场规模较大的区域,因为此时在实现规模经济的同时,生产地接近大市场还能节省销售环节的运输和贸易成本,因此,市场接近效应其实也可以成为市场规模效应,市场接近效应必然会产生吸引企业向市场规模较大区域集中的力量——集聚力。生活成本效应,也称价格指数效应,指企业多的区域生活成本低,因为企业数量多的区域当地生产的工业品种类和数量自然也多,需从外地输入的产品种类和数量就少,转嫁给消费者的从外地输入产品的运输和贸易成本较少,于是产品价格相对便宜,生活成本较低,生活成本效应也必然会产生吸引制造业人口向企业数量多的区域集中的力量——集聚力。企业数量多意味着从事制造业的人口多,在农业人口均匀分布的条件下,企业数量多的区域正是市场规模较大的区域。这样,市场接近效应和生活成本效应所产生的集聚力本质上来源于大规模生产和节省运输成本、贸易成本的经济性。在经济活动集聚过程中,抑制聚集的力量——分散力也同样存在,除了贸易自由度时时刻刻起作用抑制经济活动聚集以外,模型的数理分析还刻画了产生分散力的另一种效应——市场拥挤效应,也称"本地竞争效应",它指企业空间分布的集中会使彼此争夺消费者的市场竞争趋于激烈,降低盈利能力,因此,企业选择生产区位时会考虑竞争者数量因素,有偏好企业较少的区域的倾向。在核心—边缘模型中的经济聚集过程中,市场拥挤效应产生的分散力显然也是不断增强的,然而,这种分散力的增强与市场接近效应和生活成本效应产生的聚集力的增强相比要弱得多,根本不能抑制或扭转经济活动的聚集趋势。特别需要注意的是,这里的市场拥挤效应仅指因企业间市场竞争而导致的相互不利于对方的影响,与包含负外部性的城市拥挤效应完全不同。

新经济地理学与传统区位理论最大的区别在于,引入了收益递增假说,从理论上讨论了规模报酬递增和正反馈效应如何导致集聚的自我强化(陆铭等,2006)。关联效应只会在单个厂商的规模报酬递增的情况下起作用,否则厂商就不会将生产集中在市场最大的地方,而是分别建立工厂来满足各个市场。传统的经济地理理论中，工业集聚的主要原因是不同区域之间经济地理因素的差异，但不能解释两个重要的经济现象：第一，一些在纯自然条件方面并不一定非常有优势的地方却成为工业集聚的中心；第二，两个在自然条件方面非常相近的地方却可能在工业集聚上有非常不同的表现。梁琦（2004）在新经济地理理论基础上归纳了影响产业集聚的八大因素，除了国际贸易理论中强调的要素禀赋外，还有基本因素和市场因素两大类。基本因素包括运输成本、收益递增和知识溢出；市场因素包括地方市场需求、产品差异性（消费者偏好）、市场（垂直）关联和贸易成本。她还指出，一个特定产业集聚在一个特定的区域，是历史和偶然事件的影响、累积循环的自我实现机制和预期作用。历史和偶然事件是产业区位的源头；而循环累积过程会产生滚雪球般的效果，导致产业长时期地锁定在某个地区；但是，预期和自我实现机制可以使得产业集聚中心转移或产生新的中心。

新经济地理学最终结论归结为与需求和供给关联的循环累积因果链，即基于市场行为的关联效应导致的货币外部性（资金外部性），当然也有一些模型已经涉及知识和技术溢出导致的纯粹外部性。在各个不同模型中，聚集力和分散力都体现在相应的变量或公式上，因而逻辑很清晰且高度严谨，打破了过去"聚集经济导致聚集"的"论证"模式，真正具有了微观基础。

（四）国际贸易理论对经济集聚（扩散）的解释

国际贸易理论假定劳动力在国家和地区之间不可流动，而商品可以流动且运输成本为零。俄林（Ohlin，1957）是第一个力图将贸易与产业区位理论结合起来的经济学家，他认为两者结合起来可以更好地解释产业区位和区际贸易模式。对产业集聚的理论解释，新古典贸易理论强调要素禀赋的区域差异，在完全竞争市场、同质产品、不存在贸易成本以及规模效益不变等假设条件下，要素禀赋结构的空间差异决定了不同地区间的比较优势的差异，而比较优势是决定区域分工的利益机制之一，决定了不同的经济活动聚集在不同区域，形成专业化分工。当然，除了生产要素禀赋差异，不同地区文化、地理位置等自然优势的区别也影响经济活动的空间分布。产业间的专业化分工是主导性的区位模式，并决定了贸易模式，如果没有技术和资源禀赋的差异，产业将均衡分布，贸易活动将很少。新古典贸易模型假定不存在贸易成本，因此，需求不影响产业区位。在新古典传统贸易理论规模报酬不变的范式下，不能解释具有类似资源禀赋和技术水平的区域产业分工以及产业内的分工和贸易形成的大规模经济集聚现象。为此经济学家提出了新贸易理论，引入规模经济和市场效应，强调不完全竞争、差异化产品、规模报酬递增及累积循环机制决定了区域间贸易模式。现实也表明大部分贸易代表的是基于收益递增的任意的分工，而不是为了利用资源和生产率等方面的外生差异。

三、区域发展空间与区域发展新空间

地理空间指地球表面地理事物所占有的空间，主要反映社会经济活动和人文聚落的空间分布。经济空间指地理空间中经济事物或经济元素之间的结构关系，是一种抽象关系的结构（Perroux，1950）。显然，区域发展空间是一种经济空间。从国家范围看，区域发展空间即国土空间，是各种政治、经济、文化活动的场所，是经济社会发展的载体（肖金成、欧阳慧等，2012）。区域发展空间格局是对存在于区域发展空间中的经济事物或经济元素的进一步描述，指社会经济客体在空间中的位置关系，社会经济客体相互作用形成的空间集聚程度和集聚形态，以及社会经济客体通过线状基础设施发生相互作用的方向和强度（陆大道，1988）。李国平和王志宝（2013）认为，区域发展空间格局可以看作一个区域发展"函数"，该函数通过相关空间组织把分布在各地的资源和要素整合在一起。区域发展空间格局具体表现为各种经济活动在区域内的空间分布状态与空间组合形式，以及区域差异形成和不断发生变动的趋势。区域发展空间格局是经济社会长期发展的结果，也是国家在考虑区域自然条件、历史因素和经济发展现状基础上，实施相应经济发展战略的结果（李国平、吴爱芝等，2012）。不同发展水平的区域，由于社会经济客体间作用内容、方向及强度存在差异而表现出不同的空间结构特征（万家佩、涂人猛，1992）。

与区域发展空间相对应的一个新概念为"区域发展新空间"，该概念由李克强总理在2015年《政府工作报告》明确提出。安树伟和肖金成（2016）首次对区域发展新空间的内涵与特征进行界定，他们认为，区域发展新空间对全国经济发展具有重要的战略意义，资源环境保障能力强、经济规模较大、经济增长速度高于全国平均水平、能够集聚更多的人口和产业，经过一定时间的培育和发展，可以有效地推进国家的工业化和城镇化的关键区域，区域发展新空间具有战略性、带动性、梯次性、层次性和多维性等特征。与区域发展新空间相关的概念有"战略性区域""区域发展新棋局""国家级区域规

划地区"等。从支撑中国经济持续增长的角度看，战略性区域类似于区域发展新空间，侯永志（2015）指出，战略性区域需要具备经济增速较快、经济总量较大、辐射带动作用较强的条件，是未来相当长时间内对中国经济增长有重大影响的区域，是区域空间上具有新竞争优势的增长动力接续者。安树伟（2015）提出了"战略区域—新战略区域—潜在新战略区域"的框架体系，并认为要把"新战略区域"和"潜在新战略区域"置于不同阶段"区域领跑者"的更替之中，以共同支撑未来中国经济的持续增长。从政策延续性角度看，区域发展新空间紧密承接区域发展新棋局概念。从区域规划角度看，国家级区域规划地区是区域发展新空间的重要组成部分，实施新区规划是拓展区域发展空间的重要手段。本质上讲，区域发展新空间是对原有区域发展空间的进一步拓展，根据拓展方式不同可分为外延式和内涵式两种拓展模式。外延式拓展指区域发展地理空间的扩张，主要体现为土地利用面积的增加；内涵式拓展指区域经济发展效率的提升，即在发展地理空间不变的前提下，通过技术创新、集聚发展、结构优化、功能提升等带来的效率提高。由此可见，区域发展新空间的"新"体现在两个方面：一是具体的区域范围扩大；二是抽象的经济效率提升。

第二节　文　献　综　述

根据本书写作的需要，主要从影响经济集聚因素的实证分析、一体化对经济集聚（扩散）的影响、区域发展空间格局的演变形式与机理、区域发展新空间的识别、拓展区域发展新空间的途径等方面对相关文献进行综述。

一、影响经济集聚因素的实证分析

在各种理论的基础上，许多实证研究旨在寻找影响经济集聚的因素，试图解释经济集聚的形成机制。根据国内外学者的实证研究成果，影响经济集聚的因素包括资源禀赋、市场需求与潜力、企业内部规模经济、外部规模经济、政府政策等。

根据新古典贸易理论，由资源禀赋形成的比较优势以及资源利用强度是产业集聚的原因之一。基姆（Kim，1995）研究了美国1860～1987年的产业集聚趋势，发现自然资源投入与产业区位间存在强烈的正相关关系，资源禀赋可以解释美国各州特定产业的就业规模。哈兰等（Haaland，1999）引入劳动密集度、人力资本密集度、技术水平、规模效益、非关税贸易障碍以及最终需求的集中程度来解释欧盟 13 个成员国间的产业集聚，发现人力资本密集度与产业地理集中存在正相关关系。埃利森和格雷泽（Ellison and Glaeser，1999）采用 16 个变量反映自然资源、劳动力与交通成本来解释美国四位数制造业州就业比重，结果发现，6 个反映资源投入成本的变量都高度显著。日本经济活动的集聚和城市规模根本上由地理（主要指地理位置）因素决定（Davies and Weinstein，2002）。贺灿飞和谢秀珍（2006）对 1998～2003 年中国制造业空间分布的实证分析表明，比较优势、规模经济和经济全球化是决定中国制造业空间分布的显著因素。路江涌和陶志刚（2007）也发现运输成本和自然禀赋是影响中国行业集聚的重要因素。

新贸易理论与新经济地理理论均表明，市场需求是引起经济活动集聚的重要原因，不同的是，新贸易理论中市场需求是外生的，而新经济地理理论中市场需求是内生的。哈里斯（Harris，1954）试图用市场潜力解释美国制造业的区位。结果表明，美国高度工业化的地区往往也是市场潜力特别高的地区，即生产集聚是自我强化的。在欧洲产业显著集中在市场潜力大的区域（Brulhart，1998），市场规模与欧洲制造业的地理集中呈正相关关系（Haaland et al.，1999）。戴维斯和韦恩斯坦（Davies and Weinstein，1999）发现源地市场效应是日本产业地理集聚的重要决定因素。市场规模对中国产业集聚的影响也很显著（金煜、陈钊、陆铭，2006；贺灿飞、朱彦刚，2010；刘军、段会娟，2015）。

规模效益递增导致经济集聚。实证研究发现以企业规模衡量的内部规模经济促进了产业集聚。布鲁哈特（1998）发现，1980～1990 年欧洲内部规模经济显著的产业集聚程度增强尤为明显。基姆（1995）研究了美国 100 多年来的产业集聚趋势，发现企业平均规模是显著变量。福尔摩斯和史蒂文斯（Holmes and Stevens，2002）的研究同样发现，美国集聚程度高的产业，企业规模较大。帕鲁齐等（Paluzie et al.，2001）对西班牙 1979～1992 年的制造业集聚的研究发现，企业平均规模显著促进了产业集聚，且 1992 年比 1979 年更为显著。布劳内热姆和约翰森（Braunerhjelm and Johansson，2003）发现企业规模和初始集聚程度是瑞典产业集聚的原因。白等（Bai et al.，2004）研究表明，产业内企业平均规模越大，在空间上也越集中，企业内部规模经济促进了中国产业集中。贺灿飞和贺秀珍（2006）对中国1998~2003年制造业空间分布的实证分析发现，规模经济是决定制造业空间分布的显著因素之一。

外部经济也是经济活动集聚的决定因素，主要通过劳动力共享、中间投入品共享、技术外溢（知识外溢）三个途径发挥作用。埃里森等（Ellison et al.，1977）对运输成本节约、劳动力共享和知识溢出三个因素在集聚经济形成过程中的作用进行了检验，发现三个因素都有一定的影响，但是对劳动力需求比较相似的产业更倾向于集聚在一起，从而得出劳动力共享在产业集聚过程中的作用更加突出。汉森（Hanson，2001）发现，劳动力市场上受过良好教育的劳动力越多，个人工资也越高，暗示了人力资本的外部性促进了产业集聚。迪迈（Dumais，2002）发现具有类似劳动力构成的产业相互接近可以获得利益，证明了劳动力市场效应。金祥荣和朱希伟（2002）从历史的角度考察了浙江专业化产业区的起源与演化，认为专业化产业区起源的历史条件有三个因素：产业特定性知识、技术工匠和特质劳动力以及产业氛围。当贸易成本处于中间水平时，具有上下游联系的产业可能会集中在某些区域（Venables，1996）。福尔摩斯（1999）的研究发现，地理集中的产业通常有较高的"投入采购强度系数"，表明分享投入的外部经济性。阿米提（Amiti，1999）发现，在欧洲产业中间投入强度与其地理集中程度呈正相关关系。哈兰等（Haaland et al.，1999）发现，来自同一产业的投入比重越高，该产业在地理上越集中，说明产业内部联系可能与地理集中程度相关。扎菲（Jaffee，1993）通过分析专利引用数据，提供了更为直接的证据表明知识溢出效应对于产业集中的重要性。奥德斯和费尔德曼（Audretsch and Feldman，1996）发现，由于知识溢出效应，创新活动较一般的生产活动集中，强调研发型产业在空间上更为集中。罗森瑟尔等（Rosenthal et al.，2001）进行更为细致的研究，分别在邮编、县、州三个层次通过分析各产业EG指数与产业特征之间的关系，对劳动力共享、知识溢出、中间投入品共享、自然资源、运输成本等在集聚经济形成过程中的作用进行检验。结果显示劳动力共享的作用最明显，在三个层次对产业集聚都有显著的促进作用；知识溢出只在邮编区域范围内有促进作用，中间投入品共享则在州级范围内存在影响，在较小的地理范围内没有影响。然而，也有学者对上述结论提出质疑，帕鲁齐等（2001）对西班牙1979~1992年产业集聚的研究发现，产业中间投入强度与产业地理集中存在显著的负相关关系。布鲁哈特（2001）、德维尔等（2004）

发现，在欧洲最为集中的产业是技术含量较低的产业，没有足够证据表明产业内知识溢出导致产业地理集聚。在瑞典，布劳内热姆和约翰森（Brauner-hjelm and Johansson，2003）也发现，产业知识密集度不影响产业集聚，说明知识溢出并不促进瑞典产业空间集中。白等（2004）研究表明，反映外部经济的产业内工程师和技术工人的比重对于中国产业地理集中并不显著，也说明在省级区域，知识溢出效应并不影响产业的地理集中。

政府政策对经济集聚的影响，主要体现在中国经济转型过程中的各项政策影响经济集聚的实证分析。中国的经济转型可以概括为市场化、全球化以及分权化过程（He et al.，2008），而这些过程均以对外开放、地方保护主义等政策为引导。白等（2004）研究表明，在控制其他变量后，产业地理集中程度取决于历史上的地理集中程度，国有企业比重高的产业和利税率高的产业较为分散，说明地方保护主义不利于产业地理集中。路江涌和陶志刚（2007）也发现地方保护主义在很大程度上限制了中国制造业的区域集聚。贺灿飞等（2007）实证研究发现，地方保护可能在省级层面能够显著地影响产业地理区位，但在县级层面则由于受到资源条件市场规模的约束而难以发挥很大的作用。金煜等（2006）不只关注地方保护主义，也关注包括对外开放、内部市场化改革等在内的经济政策影响，采用 1987 ~ 2001 年省级面板数据进行分析发现，经济开放促进了工业集聚，而经济开放又与地理和历史因素有关；政府作用的弱化也有利于工业集聚。杨宝良（2005）还从对外经济开放的角度，发现较高程度的经济开放状态有利于产业集聚的培育和发展。卡廷等（Cat-in et al.，2005）对 1988 ~ 1997 年中国制造业地理分布的研究表明，对外开放显著地影响中国产业地理分布。对外开放政策下，出口对中国制造业的空间集聚具有显著推动作用（Chen et al.，2008），大量外商直接投资进入中国也极大地促进了中国制造业地理集聚（He and Wang，2010）。格（Ge，2009）考察了全球化和中国产业集聚的关系，发现出口贸易和外商直接投资与中国的产业集聚有着紧密的联系，对出口或者外资依赖较强的产业倾向于集中在容易进入国外市场的地区，出口导向型和外资比重较高的产业的集聚程度高于其他产业。贺灿飞等（2007）利用中国 2004 年第一次经济普查的数据，证明了利用外资和参与国际贸易程度高的产业较为集聚。刘军和段会娟（2015）通过对产业集聚影响因素进行面板回归，结果表明，经济开放度则呈现反向作用。

二、一体化对经济集聚（扩散）的影响

现有文献从理论和实证两个方面深入分析了一体化对经济集聚（扩散）的影响。理论上，新国际贸易与新经济地理理论中均蕴含着一体化对经济集聚的影响。新国际贸易理论下，地区一体化进程（即地区间运输成本的反义）与地区生产结构存在一种非线性的对应关系。当一体化水平处于中间水平时，核心地区的制造业份额超过它的要素禀赋份额；当一体化水平很低时，各地区为满足当地需求而处于自给自足状态，其制造业份额等于其要素禀赋份额；当一体化水平很高时，地区间的专业化分工选择取决于各地区要素的价格差异，地区制造业份额又回到要素禀赋份额。新经济地理理论则强调，贸易成本对产业集聚的影响，取决于规模经济和交通成本的相互作用，贸易成本与产业集聚存在非线性关系，即在贸易成本非常高和非常低时，产业可能比较分散；而贸易成本处于中间水平时，产业在空间最为集中（克鲁格曼，1991）。这种思想可以表述为：假设一国存在资源禀赋完全一样的两个地区，在地区间一体化水平很低的情况下，两个地区没有发生贸易往来，生产都处于自给自足的状况，两地产业结构没有差异；当一体化水平从低水平向中级水平推进时，某一地区由于历史的偶然因素使得这一地区制造业具有初步优势，则这一地区将通过吸收另一个地区的要素而使制造业优势逐渐扩大，并通过累积循环机制，最终出现两地区的"制造业中心—农业外围"产业布局；当地区间一体化水平从中级水平向高级水平推进时，原制造业中心将出现产业的外移，原外围农业地区接受转移过来的产业，开始实现工业化起飞并与制造业中心实现有效的产业分工协作。如果两个地区原先资源禀赋相同，则两地区的制造业平均集中率重新趋于相等。但是，此时两个地区的产业结构完全不一样，各地区都生产自己最擅长的产品并出口到另一地区，从而实现产业的"部门集聚"，此时，地区差距也将消失。在上述理论基础上，国内外学者从理论上进一步研究了一体化对经济集聚的影响。克鲁格曼（1991）说明，对于外围地区，经济一体化与福利之间有一种 U 形关系：紧密的一体化是一件好事，但有限地迈向一体化就会对"外围"造成伤害。因此，对于发展中国家或不发达地区，部分开放不如充分开放，部分开放反而会造成自残。藤田昌久（2004）考虑了熟练劳动力流动情况，当熟练劳动力可以流动时，在运输成本降到某一点之后，集聚程度与运输成本之间是单调

递减关系；如果熟练劳动力不能流动时，导致集聚的是中间产品的存在（前后向联系的作用），而且运输成本与集聚程度之间不再是单调递减关系，而是倒 U 形，也即随着运输成本由高到低，经济出现对称分布（扩散）到中心—外围结构（集聚）再到对称分布（扩散）的过程。梁琦（2004）的研究表明区域经济一体化并不必然导致中心和外围的结果，如果垂直关联度很强（下游产业的中间投入品的份额很大）且贸易成本仍然实质性地存在，那么经济一体化可能导致空间集聚在一地发生；如果垂直关联度很弱且贸易成本很小，那么经济一体化将导致公司根据要素价格差异而分散定位。交易费用降低是区域经济一体化发展的动因与结果（王晖，2008）：在区域经济一体化从初级到高级的发展过程中，由交易成本降低原因，产业经历了一个从集聚到扩散的过程，集聚区的选择受市场容量、历史的偶然以及预期等多种因素影响；而且，低附加值和初级产品即使在完全一体化水平下，由于较高运输成本，仍然存在较高的交易费用，因此国际间的集聚和扩散受到区域经济一体化的影响较小或不受一体化的影响；高附加值产业，由于其受到交易费用在成本中占的比重较小的影响，将先于其他产业完成集聚和扩散的过程。区域一体化的程度对产业集聚和经济增长之间的关系有重要影响：当知识溢出水平比较低或者资本流动性较低时，产业集聚促进经济增长；当知识溢出水平比较高并且资本流动性也很高时，产业集聚不利于经济增长（陶永亮，2014）。

国内外学者的实证研究均表明，经济集聚与经济一体化和贸易自由化有密切联系。经济一体化和贸易自由化使贸易成本降低，从而增加了产业集聚且有转移集聚中心的效果。如北美自由贸易协定吸引墨西哥制造业逐渐向美国和墨西哥边境集聚（Hanson，1998）；欧洲一体化使得 1971～1991 年意大利产业活动整体上向边缘地区扩散，一些特定产业在空间更趋集中（Robertis，2001）；美国早期制造业集中区域的改变与一体化之间存在密切关系（范剑勇等，2002）；贸易自由化促进了印度尼西亚制造业的地理集中（Sjoberg and Sjoholm，2004）；等等。在发展中国家，贸易自由化可以让具有先发优势的区域获得更多机会从而增加城市和产业的地理集中（Paluzie et al.，2001）。维纳布尔斯等（Venables et al.，1996）关于贸易成本对集聚影响的数字化模拟分析表明，在区域一体化过程中，如果仅考虑贸易成本而不考虑收入和工资差异时，集聚可能发生；考虑到收入和工资差异时，集聚也有可能发生。那么对于多个产业的模型，这意味着在区域经济一体化过程中，贸易成本降低，一些产业可能发生集聚，但另一些产业可能会因要素价格的差异而分散。另外，经济一体化对具有不同特性的产业影响有所不同，福斯里德等（Forslid et al.，2002）建立了一个大规模可算一般均衡模型，仿真模拟了欧洲一体化过程中贸易自由化与产业集聚之间的关系。结果表明，对于规模经济不那么重要，且初始的高贸易成本阻碍了按比较优势形成专业化的产业（纺织、皮革、食品），集聚与贸易成本之间存在单调关系，贸易成本越低，集聚水平越高；而对于有显著的规模经济和重要的产业间关联的产业（金属、化学、运输设备和机械），两者之间呈倒 U 形关系，即当贸易成本中等时集聚水平最高。中国市场一体化既表现为改革以来地区间一体化进程有所增强，同时更表现为对外开放使得沿海地区优先进入高收入水平的国际大市场（范剑勇等，2008）。改革以来中国地区间的专业化水平和市场一体化水平有所提高，绝大部分行业已经或正在转移进入东部沿海地区，但国内市场一体化水平总体上仍较低，且滞后于对外的一体化水平，这一现状使得制造业集中于东部沿海地区，无法向中部地区转移（范剑勇，2004）。泛珠三角区域一体化加速后，广东省制造业仍处于集聚与扩散倒 U 形曲线的左边，即集聚加速的一边（周文良，2007）。

三、区域发展空间格局的演变与机理

我国区域发展空间格局演变经历由非均衡向均衡、协调演变的过程。基于国土开发战略的不同，学者先后提出了国土空间开发轴的各种方案，其中影响较大的是以"点—轴开发理论"为基础的"T"形空间格局（陆大道，1986），以及在"T"形思路上扩展形成的"π"形（晏学峰等，1986）、"H"形（徐炳文，1985）、"开"字形（戴晔、丁文峰，1988）、"弗"字形、反"E"形和"两横三纵"开发格局。从开发轴看，不论是哪个空间开发格局，基本上都是建立在"点轴开发"的基础上，以沿海、铁路交通干线和天然水系流域为轴进行开发；随着时间的推移开发轴逐渐增加，逐步由区域非均衡战略向区域均衡战略迈进。从四大板块来看，中国经济发展一直处于相对的集聚状态，四大板块区域经济发展格局呈现出"均衡—不均衡—逐步均衡"的演变特征，中国经济增长逐渐由东部向中西部转移。"十一五"时期以来，尤其是 2008 年以来中国区域经济发展的区际转移更加明显（安树伟、任媛，2009），中国区域经济发展进入一个重要的转折时期，即从过去

的不平衡增长进入相对均衡增长，各地区经济增长速度逐步接近相对均衡增长态势（魏后凯，2009；刘勇、李仙，2014；张学良，2012）。经济发展的重心从沿海向内陆，从珠三角、长三角地区向环渤海地区推进明显，整个中国经济发展的热点区域则呈现出"北移西进"的态势（马平、龙昱等，2009；蔡武，2013）。中国工业发展的空间格局呈现出明显的"北上西进"新趋势，整体经济活动也"跟随着"工业的分布呈现出由东部地区向北部环渤海地区和东北地区以及中西部地区转移扩散的新趋势（郑鑫，2011；年猛、孙久文，2012），外商投资"北上"和"西进"的趋势也日益明显（魏后凯，2009；郑鑫，2011；张永丽、李国政，2012）。

关于中国区域发展空间格局演变机理，国内外学者主要从要素成本、区域发展集聚与扩散阶段的转换、科技进步等角度进行分析。自"十五"计划以来，随着西部大开发、东北振兴和中部崛起战略的相继实施以及沿海各项要素成本的全面上涨（国家发展改革委发展规划司，2009；年猛、孙久文，2012；蔡武，2013），产业逐步由东部向中西部转移（魏后凯，2009）。李爱民、孙久文（2015）在分析我国区域发展总体格局的演变路径时，引入新经济地理学的空间因素，从集聚和分散的角度，对空间格局演变进行探讨，认为我国区域发展格局的演变机制是从分散到集聚和从集聚到分散的演变机制，这种格局的演化取决于集聚和分散的权衡。随着技术进步，交通运输和通信技术不断发展，促进了区域之间的交流与合作，降低了交通、原材料等成本，能够改善区域分工，为中西部跨越发展奠定基础（杨开忠，2009；孙久文、叶裕民，2005；陈秀山，2003）。此外，城镇化动力的区域差异和城市群空间组织的演变也是影响我国区域空间格局的重要因素（姚士谋、陈爽，1998；张京祥，2000；任媛、吉新峰等，2010；肖金成等，2009）。

四、区域发展新空间的识别

现有关于经济空间识别的研究主要集中在城市群的识别上，识别方法主要有两种：一是标准设定识别法，即先从城市数量、城镇化和工业化程度、经济密度、空间通达性等方面提出判定城市群的准则，然后依据经济社会统计年鉴数据识别城市群（宁越敏等，1998；董青等，2010；张倩等，2011）；二是模型设定识别法，即引入重力模型、摩擦系数模型、城市综合实力 R 型因子模型等相关学科的空间测算模型，借助更加微观的经济社会统计衍生指标（如中心城市到周边地区的通勤率、通勤时间、客货流、信件流等）对城市群进行识别（方创琳等，2005；顾朝林等，2008）。少数学者在对区域发展新空间内涵界定的基础上，运用标准设定识别法对新空间进行了识别。侯永志（2015）以空间均衡、结构转换、要素集聚为标准，依次按照工业化程度、城镇化程度、劳动力增长、资金聚集、物流汇聚、土地增值等六个指标，从我国 285 个地级市中筛选出 38 个潜在战略性城市。这些战略性城市集中分布在福建（6 个）、山东（4 个）、广西（4 个）以及中部地区省份（7 个）和成渝地区（2 个）。史育龙等（2016）以 4 个直辖市和 334 个地级行政单位为基本单元，通过计算各单元从"十五"到"十二五"三个时期经济增量对全国经济增长贡献率，筛选出 50 个贡献率增幅越来越大、经济动力不断增强的地区，将这些地区视为未来支撑中国经济增长的新空间。这些增长新空间集中分布在江苏（8 个）、广东（4 个）、福建（3 个）等东部地区省份，河南（4 个）、江西（6 个）、湖北（2 个）、湖南（3 个）、安徽（4 个）等中部地区省份，以及成渝地区（5 个）。安树伟和肖金成（2016）按照统筹东中西、协调南北方，陆海统筹、战略支撑作用明显，空间连续性和政策延续性强等原则，初步识别出支撑中国经济的新战略性区域和潜在新战略区域。新战略性区域即现阶段支撑中国经济的区域发展新空间，主要包括东北地区、中原地区、长江中游、成渝地区、关中平原、山东半岛、海峡西岸等处于快速成长阶段，但尚未发育成熟的城市群。潜在新战略区域即潜在新空间，主要包括一些战略性资源富集区、国家重要的能源原材料和文化旅游产业基地以及维护国家稳定、巩固民族团结的重要区域，具体如环北部湾、云南沿边、新疆沿边、吉林沿边、淮海经济区、晋冀鲁豫交界地区、黄河上中游地区、汉江流域、西藏"一江三河"地区、青海湟水谷地、黔中地区、滇中地区等，另外还包括海洋发展空间。上述方法识别出的区域发展新空间以行政单元边界为依托，识别标准直接使用行政区经济社会统计年鉴数据，几乎没有考虑空间联系。

五、拓展区域发展新空间的途径

拓展区域发展空间，要以激发区域经济活力、发挥区域发展潜能、促进可持续发展为目标，以优化空间结构、推进转型发展、增强承载能力为重点，实现区域空间的全方位、多层次、立体化、绿色化开发利用（孙久文，

2015）。拓展区域发展新空间的基本构想是（安树伟、肖金成，2016）：轴带引领，构建"三纵—四横——一沿边"的空间格局；城市群支撑，形成区域发展新空间的主体形态；陆海统筹，全方位拓展潜在发展新空间；梯次推进，形成"第一代空间—发展新空间—潜在发展新空间"的接力机制。对于拓展区域发展新空间重点任务，2015 年 3 月李克强总理在《政府工作报告》中提出"统筹实施'四大板块'和'三个支撑带'战略组合"。刘勇（2015）认为，"三个支撑带"指长三角支撑长江经济带，环渤海支撑东北、华北和西北经济带，以及泛珠三角支撑西南和中南经济带。孙久文（2015）认为，要立足"四大板块"和"三个支撑带"，利用三个支撑带解决四大板块战略的独建独享的问题。肖金成、欧阳慧等（2015）则从优化国土空间格局角度，提出要点、线、面耦合，构建"城市群—发展轴—经济区"国土空间开发体系。城市群结构优化和功能升级有利于凸显城市群比较优势，有利于拓展我国区域发展新空间，形成带动经济、社会、环境健康协调可持续发展的新动力。学者们对城市群支撑的研究主要集中于着重优化发展京津冀、长三角、珠三角三大城市群，形成和壮大东北地区、中原地区、长江中游地区、成渝地区、关中平原等地的城市群（姚士谋等，2006；国家发改委国地所课题组，2009；杨荫凯，2014、2015；孙久文、原倩，2014）。对于中心城市区域服务功能的强化、重点地区一体发展的推进、城乡发展一体化的推进等方面，学术界的研究比较多，在此不再赘述。

六、简要评述

区域经济一体化、经济集聚（扩散）与区域发展空间三个概念紧密相关，经济集聚（扩散）是区域经济一体化的动态效应之一（陈建军，2009），同时又是拓展区域发展空间的重要途径，即在区域发展空间的基础上延伸出区域发展新空间。

关于一体化与经济集聚关系的研究，理论上只是对一体化影响经济集聚的过程进行了分析，没有深入研究一体化影响经济集聚的机制和途径，尚未形成完善的理论框架。实证研究大多基于国际贸易视角，一方面对经济全球化与一体化过程中各个国家发生的经济集聚或集聚中心转移现象进行描述；另一方面把一体化作为外在条件，对经济集聚状况进行检验，而没有将一体化纳入影响经济集聚的计量模型中，对它们之间的关系进行实证验证。对于一国内部的区域一体化对经济集聚的影响少有研究。

现有文献表明，无论是区域发展空间格局演变形式、演变机理的研究，还是拓展区域发展空间途径的研究中，都蕴含了大量经济集聚理论的原理，但尚未有专门针对经济集聚与区域发展空间关系的研究。关于拓展区域发展新空间途径的研究，大多从宏观视角和政策层面提出具体的途径，缺乏拓展新空间途径背后机制与机理的分析。另外，"区域发展新空间"提出以来，少数学者尝试对其概念进行界定，但目前"区域发展新空间"概念还没有形成，内涵和外延尚未明确，对"区域发展新空间"的识别也有待进一步研究。

第三章 一体化、经济集聚的事实与特征

在分析一体化与经济集聚关系之前，有必要对中国区域经济一体化及经济集聚的现状与趋势有一个整体的了解。从对一体化概念的界定中可以发现，区域经济一体化最终将形成一个不受地域限制的产品和要素自由流动的统一市场，故下文通过市场一体化来描述中国区域经济一体化的特征事实，同时也为后面的实证分析提供了基础数据。此外，为了尽可能对中国市场一体化趋势有一个全面的把握，本章以文献综述的形式特别强调了现有研究关于该问题已经达成的共识和存在的分歧。对中国经济活动集聚状况的描述主要从区域、城市群两个层次展开，对产业在不同区域的集聚状况也进行了分析。

第一节 中国市场一体化：特征事实与影响因素

从地域范围分，区域经济一体化分为国际区域经济一体化与国内区域经济一体化（张可云，2015），相应地，中国市场一体化也包括国际市场一体化与国内市场一体化。整个经济改革过程的核心也正是反映国际市场一体化的"全球化"和反映国内市场一体化的"市场化"，其中全球化主要指商品市场和资本市场对外的逐步开放，国内市场一体化主要指政府对经济活动的干预程度弱化和国有经济的非国有化（陈钊，2007）。无论是全球化还是市场化，都在很大程度上推进了中国国际市场一体化与国内市场一体化的进程。

一、国际市场一体化趋势

中国国际市场一体化水平，即中国经济融入世界经济的水平。1978年以后中国政府强调对外开放甚于对内开放，平均关税税率从1982年的55.6%下降到

2000 年的 15.3%，又降到加入 WTO 缓冲期结束时的 8.9%。伴随着平均关税水平的不断下调，进口许可证和配额、对外经贸权的限制、进口替代的名录使用、特定进口商品的登记和招标制度等形式的非关税壁垒也逐渐被消除。随着对外开放的不断深入，中国经济逐渐融入全球市场的分工体系中，各地区根据比较优势嵌入全球价值链，对外经济一体化水平显著提高。1978 ~ 2016 年，全国进出口贸易总额占 GDP 的比重从 9.7% 上升到 33.2%，整体呈上升趋势。国际市场一体化进程大体可以分为以下几个阶段：第一阶段（1978 ~ 1994 年），受改革开放影响，国际市场一体化水平缓慢上升；第二阶段（1994 ~ 1998 年），一体化水平较快速下降，这一时期国际市场一体化水平下降可能与国内市场经济体制的建立与逐步完善有关；第三阶段（1998 ~ 2006 年），随着 2001 年中国加入世界贸易组织，国际市场一体化水平呈现出大幅度上升趋势，2006 年达到历史上最高水平 64.8%；第四阶段（2006 ~ 2016 年），一体化水平持续下降，在国际金融危机影响下 2006 ~ 2009 年一体化水平急剧下降，2010 年虽然出现小幅度回升但之后仍呈不断下降趋势，因为中国经济发展开始更多地依靠国内市场而非国际市场（见图 3 - 1）。外商直接投资也有了极大的提高，1985 ~ 2016 年从19.6 亿美元增加到 1260 亿美元，并逐渐成为实际使用外资的主体部分（见图 3 - 2）。显然，以进出口总额占地区生产总值比重和外商直接投资衡量的中国国际市场一体化水平得到了显著提高。中国 30 多年经济改革的进程就是中国经济重新融入全球经济的过程（陈敏等，2007）。

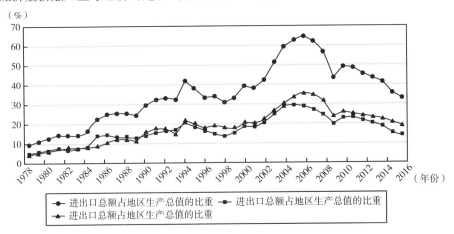

图 3 - 1　1978 ~ 2016 年全国进出口总额占 GDP 的比重

资料来源：《中国统计年鉴（2017）》《新中国六十年统计资料汇编》。

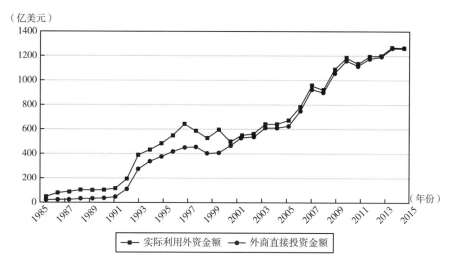

图 3 - 2 1985～2016 年中国实际利用外资金额与外商直接投资金额变化

资料来源：《中国统计年鉴（2017）》《新中国六十年统计资料汇编》。

二、国内市场一体化：特征事实

改革开放以来，中国区域经济开放总体上沿着先国际化后区际化的路径（赵伟、张萃，2009）。改革初期中国几乎不存在区际贸易，政府强调对外开放甚于对内开放，加之特殊体制下形成的地方市场分割，使得对外贸易与引进外资超常发展而内部市场重建进展缓慢（范剑勇，2004）。多年来中央政府对地方保护及市场分割的问题十分重视，采取了多种措施限制地方政府滥用权力、排斥竞争，如 1993 年通过《反不正当竞争法》，2001 年颁布《国务院关于禁止在市场经济活动中实行地区封锁的规定》，2007 年通过的《反垄断法》，但地方市场分割问题始终没有得到根本解决。国内外许多学者对我国市场分割问题进行了研究，对于市场一体化程度的变动趋势存在一定争议。

（一）国内市场一体化：分歧与共识

中国产业结构趋同的原因可能是随着经济改革，具有相同资源禀赋的省区同时发挥了比较优势，或者是面对相似的国际市场需求，投资和贸易自由化使得积极经济全球化的省区间产业结构趋同（贺灿飞、刘作丽等，2008）。

范剑勇和林云（2011）对中国 2005 年区域间贸易的边界效应①进行了测度，结果为 7.31 ~ 7.61，折算成隐性的关税税率仅为 28.2% ~ 28.9%，这一计算结果表明，国内市场并非处于严重的分割状态。边界效应中地方保护因素引起的效应仍达到 6.42 ~ 6.55，贡献率为 86% ~ 88%，产品的同质性对边界效应的贡献仅为 12% ~ 14%。不同区域边界效应差异较大，东部沿海地区、北部沿海地区与中部地区分别仅为 3.94、5.81、6.71，而位于后三位的西北地区、西南地区与东北地区分别高达 10.48、11.47、11.94。国内学者对"边际效应"的测度远远低于 Poncet，这可能与测度的时间不同有关，从而一定程度上反映出中国国内市场一体化程度在不断提高。通过贸易流量变化反映区域间市场整合的方法也存在缺陷。首先，除了两地间市场整合度的变化外，要素禀赋、规模经济等变化也会导致贸易流改变。但"贸易流"法估算出来的"边界效应"很难剔除要素禀赋、规模经济等因素变化对贸易流量变化的影响，回归时如果不能很好地控制这些变量，极有可能产生不可靠的计量结果（Engel and Rogers，1998；Xu，2002）。其次，贸易流极易受到商品替代弹性的影响。如果两地间的商品具有高度替代弹性，微小的价格调整就会带来贸易流量的大幅变动（Parsley and Wei，2001），但这些变化并不是市场整合程度变动引起的，因此降低了"边界效应"测度市场整合的可信度。

针对"贸易流法"的缺陷，一些学者借助"生产法"，利用产出结构、生产效率等手段衡量区域间市场整合程度。许心鹏（Xu，2002）主张用商业周期模型综合检验中国省际市场的一体化程度，如果省际间产业相关程度高，则市场一体化程度高。他利用一个误差构成模型，把每个省的部门实际经济增长（方差分析）分解为国家宏观影响、部门自身生产率的影响和本省对该部门的影响。1991 ~ 1998 年数据的分析表明，虽然短期内各省的影响可以解释 35% 的省际真实产出的变动，但是在长期内，部门特定的影响是产出波动的主要因素。这个结果意味着，尽管中国区域市场一体化还不充分，但正朝着有利的方向发展。郑毓盛和李崇高（2003）从生产可能性前沿出发，将中国各省份经济产出的潜在损失分解为技术效率损失、产出配置结构非最优损失与要素配置结构非最优损失三部分，其中后两种损失是由市场分割导致的

---

① 此文对"边界效应"的定义为，在控制收入水平、距离、贸易双方的其他贸易机会等因素对贸易的影响情况下，一个地区内部（在本书中包括本省内部、同一区域内各省之间）发生的贸易量超过本地区与其他地区之间贸易量的倍数。

产出损失。1978～2000 年的实证研究表明，改革以来市场分割导致的产出损失虽然有波动，但总体趋势是上升的，特别是 1996 年以来持续上升，到 2000 年竟高达 20%，该结果为地方分割的负面影响提供了证据。

　　除了从产出结构、生产效率方面测度区域间市场整合程度外，还可以用价格作为衡量市场整合程度的工具。杨格（2000）在分析中国区域间市场整合程度时也注意到了价格指标的重要性，认为产品价格变动幅度的扩大能够证明区域分割的加剧。2006 年，桂琦寒和陈敏等最先采用修正的"一价原理"的"价格法"，选取了粮食、鲜菜、饮料烟酒、服装鞋帽、中西药品、书报杂志、文化体育用品、日用品以及燃料等 9 类商品，对中国 1985～2001 年国内商品市场整合程度进行测度。之后国内大量学者使用该方法对中国不同时期的商品市场分割程度进行了测度（范爱军、李真等，2007；范子英、张军，2010；盛斌、毛其淋，2011；郭勇，2013；王洁玉、郭琪等，2013；刘小勇，2013；邓明，2014；任志成、张二震等，2014；贺灿飞、马妍，2014；蔡洪波、戴俊怡等，2015），虽然部分学者仅测度了接壤省（市）的相对价格方差，部分学者测度了各省份与其他全部省份的相对价格方差，在商品的选取上也略有差别，但结论基本一致：1985～2011 年，中国国内市场的分割程度在经历了较大的波动后，于 1994 年分税制改革后开始呈现日趋整合的趋势，商品市场趋于一体化。1995 年以前市场分割指数波动较为明显，主要是因为这一时期中国财政体制实行财政包干制度，而且财政包干制度并非一成不变，在这一过程中进行了多次调整，这种调整使得中央和地方政府的财政利益处于不稳定的调整中，在一定程度上影响了地方政府行为，地方政府在不同的财政激励面前选择不同程度的分割市场行为。1994 年之后，中国进行了分税制改革，虽然这一改革存在众多不足，但是至少保持了相对的稳定性，使得地方政府面临的财政激励在一定时期内相对较为稳定（刘小勇，2013）。也有部分学者使用该方法对不同时期以及不同区域范围内劳动力市场一体化程度进行了测度（赵进文、苏明政，2014；赵三武、钱学亚，2014；赵金丽、张学波等，2017），结果均表明，整体上中国劳动力市场一体化程度在逐渐提高，东部和中部地区一体化程度有较明显的提高，西部地区变化不明显，且东部地区一体化程度明显高于西部地区。赵奇伟和雄性美（2009）还对资本品市场的分割程度进行了测度，结果发现资本品市场分割程度收敛的趋势尤其明显。

　　李善同等（2004）采用问卷调查方式对中国市场分割情况进行了解。调查结果显示，随着改革的不断深入，地方保护程度比 20 年前减轻很多，比 10 年前略有减轻；地方保护依然存在，且方式和手法多种多样；劳动要素流动限制和无形限制是最为严重的两种形式，资本要素流动限制和投入限制是最不严重的两种形式；保护最严重的前 10 个产业依次是烟草、食品业、医药、建筑业、农业、饮料制造业、房地产、电力煤气水、邮电通信业和机械制造业；烟草、酒类、汽车、食品、药品、电力等产品是受到保护最为严重的产品；随着中国经济逐步由短缺过渡到相对过剩的状态，地方保护的内容由保护当地资源为主转变为保护当地市场为主，保护手段由直接的硬性的规定为主转变为间接的隐形的手段为主，保护范围从产品市场逐渐扩大到了要素市场。

综上所述，我们可以得出两点结论：一是中国国内市场确实存在市场分割现象，除因地理区位、风俗习惯等差异形成的"自然市场分割"外（石磊、马士国，2006），更多的是政府政策引起的人为分割，而且随着国内交通和通信状况不断改善，自然因素对国内市场一体化发展的制约越来越小（蔡宏波、戴俊怡，2015）；二是关于中国国内市场是趋向分割还是整合的争论主要存在于早期的研究中，后期的研究均表明中国国内市场分割程度是趋于下降的，这与中国市场经济体制的逐步建立与完善相关。

（二）国内商品市场一体化测度：基于"价格法"

市场一般分为商品市场和要素市场两大类，当要素流动存在障碍时，若商品能够自由流动，商品的价格会趋同；而当商品流动存在障碍的时候，只要要素能够自由流动，商品的价格最终也将趋同。所以，商品价格信息所反映的市场整合程度能够综合地反映要素和商品市场的整合程度，用商品价格信息构造指标衡量市场整合不失为判断市场整合程度的一种行之有效的方法（桂琦寒、陈敏等，2006；陈红霞、李国平，2009）。一体化的实质是打破行政区划界限，消除贸易壁垒，使以商品为主要形式的生产和生活资料能够在国家和地区间自由流动。如果一个区域内的主要商品价格能够大体趋于平衡，则证明该区域内的资源要素自由流通的能力较强，区域一体化程度较高，因此，商品市场一体化是考察区域市场整合程度的切入点（陈红霞、李国平，2009）。在商品市场整合的情况下，即使地方政府采取一些政策分割要素市场，这种分割也会使地方政府负担越来越重，最终难以维持。另外，考虑到中国的现实情况，劳动力要素流动受户籍制度、社会保障制度及地方政府政策的制约，较商品的流动更为困难，因此，仅将商品价格反映出的信息限于对于市场一体化的讨论（桂琦寒、陈敏等，2006）。

现有研究用来判别市场一体化或市场整合程度的方法有五种：一是"产业结构法"，产业结构差异缩小则表明市场分割程度加大；二是"贸易流法"，通过各地区间的贸易量计算"边界效应"，边界效应扩大说明市场分割程度扩大；三是"价格法"，通过各地区间产品价格的差异来考察市场一体化程度；四是"生产法"，利用产出结构、生产效率等手段衡量区域间市场整合程度；五是"问卷调查法"。考虑到全国范围内统计调查需要强大的物力、财力支撑，省际贸易流量的基础数据尚未统计，边界效应法利用五年一期的投入产出表难以反映市场整合的动态变化，产业结构法则是反映市场整合程度的间接指标，综合指数法又难以避免指标选择的偏差，故相对价格法是测度和评价中国地区间市场整合程度的一个可行方向（陆铭、陈钊，2006）。两地之间相对价格随交易成本的变化而变化，交易成本一部分来源于贸易壁垒，另一部分来源于交通设施的落后，而短期内前者的作用更加明显，所以相对价格方差的大小可以直接反映市场的整合程度（范子英等，2010）。另外，该方法所使用的数据也是目前唯一可获得的面板数据。

本书遵循 Parsley 和 Wei（2000、2001）以及桂琦寒等（2006）的测算方法，采用价格指数法测度中国 1999~2015 年国内市场一体化程度。具体计算方法如下。

第一，计算相对价格绝对值 $|\Delta Q_{ijt}^k|$，相对价格 $\Delta Q_{ijt}^k = \ln(P_{it}^k/P_{jt}^k) - \ln(P_{it-1}^k/P_{jt-1}^k)$，其中 i、j 为地区，k 为商品，t 为时间。

第二，采用去均值方法消除与特定商品种类相联系的固定效应带来的系统偏差。设 $|\Delta Q_{ijt}^k|$ 由 a^k 与 ε_{ijt}^k 两项组成，a^k 仅与商品种类 k 相关，ε_{ijt}^k 与 i、j 两地特殊的市场环境相关。要消去 a^k，应对给定年份 t、给定商品种类的 $|\Delta Q_t^k|$ 在省际数据之间求平均值 $\overline{|\Delta Q_t^k|}$，再分别用 $|\Delta Q_{ijt}^k|$ 减去该均值，令 $q_{ijt}^k = |\Delta Q_{ijt}^k| - \overline{|\Delta Q_t^k|}$。

第三，最终用以计算方差的相对价格变动部分是 q_{ijt}^k，其方差为 $\mathrm{Var}(q_{ijt}^k)$，在这里 q_{ijt}^k 仅与地区间市场分割因素以及一些随机因素相关。

本书的原始数据是历年《中国统计年鉴》中的分地区商品零售价格指数，涵盖了 1999~2015 年 17 年间全国 31 个省、自治区和直辖市的 9 类商品。以 1999 年作为数据的起始年份，基于两点考虑：第一，大量学者已经对 1999 年之前的市场分割指数进行了测度，且结论基本一致，大体以 1991 年为分界线，1991 年之前国内市场一体化整合较为缓慢，之后一体化进程有所加快；第二，从 1999 年开始有了西藏的统计数据，这样可以对全国 31 个省（区、市）进行全面分析。商品种类基本参照桂琦寒等（2006）对商品的选取，包括食品、饮料烟酒、服装鞋帽、文化办公用品、日用品、体育娱乐用品、中西药品及医疗保健用品、书报杂志及电子出版物、燃料 9 类，但 2003 年之前文化办公用品和体育娱乐用品统一为文化体育用品。计算相对价格方差的总体范围限定在相邻省份，一方面因为邻省的市场是否分割是判断整个国家市场是否分割的主要信息（桂琦寒等，2006）；另一方面，刘小勇（3013）对采用各省份和其他全部省份计算的市场分割指数与只采用相邻省份计算的分割指数作为对比，发现两种方法测度得到的市场分割指数总体变动趋势是一致的，只是采用相邻省份测度得到的市场分割指数高于全部省份测度的市场分割指数。

根据样本，可以构造 17 年（1999~2015 年）70 对接壤省（区、市）的 1190(=70×17) 个 $Var(q_{ijt}^k)$ 观测值，某年全国的市场分割指数为 70 对接壤省（区、市）$Var(q_{ijt}^k)$ 的均值，进一步参照盛斌等（2011）的方法，将国内市场一体化指数表示为：

$$国内市场一体化指数 = \sqrt{1/市场分割指数}$$

显然，市场分割指数与国内市场一体化程度呈反向关系。计算结果显示，1999~2015 年，全国国内市场一体化指数出现了三次下降趋势（1999~2001 年、2006~2008 年、2014~2015 年）和两次上升趋势（2001~2006 年、2008~2014 年），变动趋势相对平缓，但上升趋势持续的时间明显较长，总体上国内市场的一体化程度在提高（见图 3-3）。大体上可以将国内市场一体化进程分为三个阶段：第一阶段（1999~2006 年），一体化水平缓慢上升。2001 年我国成功加入世界贸易组织，以更快的速度融入世界经济体系，大规模外资涌入国内，关税实现了大幅下降，这一时期国际市场一体化水平大幅度提升（见图 3-1），国内市场一体化水平提升较缓慢。第二阶段（2006~2009 年），一体化水平较大幅度下降。2007 年爆发的世界金融危机给中国经济带来了很大的冲击，在特殊的领导考核机制下，各地方政府纷纷出台各种保护本地经济的政策，使得国内市场分割加剧，商品市场一体化程度下降。这一时期因受国际金融危机影响国际市场一体化水平也是降低的（见图 3-1）。第三阶段（2009~2015 年），一体化水平较大幅度上升。随着国际金融危机影响的减弱和国内市场经济体制不断完善，国内市场一体化水平趋于不断上升趋势。同时期国际市场一体化水平下降趋势明显（见图 3 - 1）。考虑到中国是一个地区间差异巨大的经济体，市场化以及与之相关的市场一体化进程可能在不同的地区有不同的表现，于是进一步考察了东、中、西、东北部地区①市场一体化进程的差异。东部地区 10 个省（市）11 对相邻省（市），中部地区 6 个省 8 对相邻省，西部地区 12 个省（区、市）23 对相邻省（区、市），东北地区 3 个省 2 对相邻省。计算结果表明，不同地区市场一体化程度的变动趋势与全国基本相同，在波动中呈上升趋势：中部和东北地区的一体化程度明显高于全国水平（尤其是东北地区②），且波动幅度较大；东部和西部地区一体化程度与全国水平相当，西部地区一体化程度及其变动与全国水平最为相似，东部地区一体化趋势变动的时间早于全国及其他地区的变动（见图 3 - 3）。

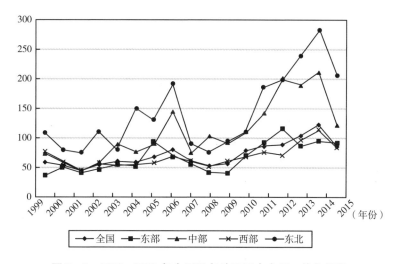

图 3 - 3　1999 ~ 2015 年全国及各地区国内市场一体化指数

为了获得31 个省（区、市）的面板数据，将70 对相邻省间的一体化指数按省合并，例如，河北的市场一体化指数就是河北与北京、河北与天津、

①　东部地区 10 个省（市），包括北京、天津、河北、上海、江苏、浙江、福建、山东、广东和海南；中部地区 6 个省：山西、安徽、江西、河南、湖北和湖南；西部地区 12 个省（区、市），包括内蒙古、广西、重庆、四川、贵州、云南、西藏、陕西、甘肃、青海、宁夏和新疆；东北地区 3 个省，包括辽宁、吉林和黑龙江。

②　东北地区一体化程度明显高于全国水平也可能与其包括省份较少有关。

河北与山西、河北与内蒙古、河北与辽宁、河北与河南、河北与山东之间的市场一体化指数的均值，由此可以得到 527（即 31×17）个观测值，分别显示了 31 个省（区、市）1999～2015 年的市场一体化程度的变化。更确切地说，每个省的市场一体化指数反映的实际上是该省与其所有相邻省份的市场一体化程度。总体而言，各省的市场一体化趋势在波动中上升，与全国的变化趋势基本一致，但不同省份波动市场一体化指数的绝对水平或者变化幅度各异，北京、天津和上海三个直辖市以及西部地区的大部分省份市场一体化程度偏低（见图 3-4）。

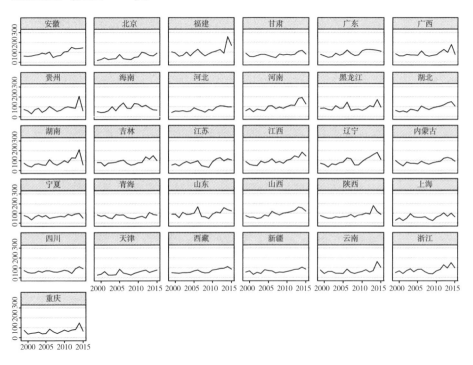

图 3-4　1999～2015 年中国各省（区、市）市场一体化指数

此外，将各省 1999～2015 年的市场一体化指数按省平均后，发现各省市场一体化程度的差异还比较明显，大致表现出由东向西递减的趋势。一体化程度较高的省份集中在东部和中部地区，按一体化指数由高到低排列前十位省份为福建、山东、河南、江西、山西、安徽、辽宁、广东、黑龙江、湖北，东北地区的一体化程度也整体较高，东部地区的福建、山东一体化程度最高。总之，西部地区的市场发育程度低，地区间贸易壁垒较高，市场分割严重，这可能由两方面的原因引起，一是西部部分省份的地方保护主义较严重；二

是西部地区的交通运输条件普遍较差，而且运输距离相对较远（贺灿飞、马妍，2014）。值得注意的是，京津沪地区的市场一体化程度是最低的，一体化指数排名分别为倒数第一、第二和第三。这与陈敏等（2007）的研究结果一致，1985~2001 年北京、天津、上海 17 年的平均分割指数分别位列第一、第二和第四。这可能由其作为直辖市的特殊身份决定，一方面直辖市所执行的各种经济社会政策与其他省份不同；另一方面直辖市经济发展水平高，行政区面积狭小，受政府直接干预的程度深，因此在改革开放过程中放慢了市场整合的进程（陈敏、桂琦寒，2007）。也正因为京津沪地区的市场一体化程度低，使得东部地区与其相邻的省份（河北、江苏、浙江）一体化程度较低，低于中部和东北地区大部分省份，而不与京津沪相邻的山东、福建、广东一体化程度则较高。

综上所述，改革开放以来中国市场一体化状况呈现如下特征。第一，由于改革开放初期政府强调对外开放甚于对内开放，2007 年国际金融危机爆发之前，国际市场一体化程度基本呈持续上升趋势，而国内市场一体化程度则在 1992 年市场经济体制初步建立之后才有所提高。金融危机使得国际和国内市场一体化程度同时降低，但国际市场一体化水平在 2010 年出现小幅度回升后呈不断下降趋势，而国内市场一体化水平则从 2009 年开始持续快速上升。第二，1999~2015 年，基于"价格法"计算的国内市场一体化指数在波动中呈上升趋势，不同地区（东部、中部、西部、东北）及省份的变动趋势与全国基本一致。第三，不同省份的市场一体化程度存在显著差异，大致表现出由东向西递减的趋势，但东部地区北京、天津和上海三个直辖市的市场一体化程度偏低，同时导致东部与其相邻的河北、江苏、浙江一体化程度也较低。

三、国内市场一体化：影响因素

（一）财政分权

第一代财政分权理论认为，向地方政府分权可以解决公共品供给中中央政府面临的信息缺损问题。第二代财政分权理论突破了公共品供给的局限，把向地方政府的财政分权与地方政府的激励以及竞争联系起来，强调分权促进和维护了不可逆转的市场机制的发展；促进了乡镇企业的发展；促进了城市化和基础设施的建设；导致了改革实验的发生和模仿；促进了外商直接投资的流入。很显然，他们认为分权促成的竞争是一个"趋好的竞争"，在财政分权体制下中国地方政府更多地发挥着"援助之手"的作用。中国的财政分权之所以产生"趋好的竞争"，主要是因为中央政府在财政分权的同时维持了政治的集中和奖惩地方官员的能力（Blanchard and Shleifer，2000），即财政分权与政治分权结合。事实上，"趋好的竞争"和"趋坏的竞争"在中国似乎是同时出现的，只是在经济转型的早期，来自分权的收益更大。但是在经济转型和经济增长的后期阶段，分权的外部成本递增得更快了。市场的分割、地方保护主义、重复建设、过度投资和过度竞争、宏观调控的失灵、司法的不公、地区差距的扩大、对环境的破坏、"裙带资本主义"以及忽视基础教育、卫生保健支出等都是人们用来描述转型和增长中的那些可以称之为"趋害的竞争"的现象（张军，2007）。鉴于此，许多学者从财政分权的视角对中国市场分割现象进行了解释。杨格（2000）认为，中国20世纪80年代初以"财政分权"为特征的改革，为地方政府发展本地经济提供了充分的激励，但同时也引致了日趋严重的地方保护主义和区域市场分割。地方政府轻易地控制资源流向、扭曲价格信号，致使市场的资源配置功能受到极大限制，导致了地方官员控制下的"零碎分割的区域市场"。传统集权的计划经济体制时期基本上没有出现地方市场分割，财政分权是市场分割的发源和基础（银温泉、才婉茹，2001），在财政分权背景与中国独特的 M 型组织结构下，地方政府为了实现本地经济发展等目标导致了市场分割现象。

财政分权体制下市场分割最为直观的解释是，地方政府为了促进当地经济发展，增加财政收入和保护本地劳动力的就业，构建各种贸易壁垒以保护当地产业免于外部的竞争（银温泉、才婉茹，2001；白重恩等，200；石磊、马士国，2006）。受维持地区经济持续发展、增加本级财政收入的动机诱导，地方政府积极出台相关措施保护对地方财政和经济增长贡献大的产业，在市场、原材料、吸引投资等方面展开了激烈的竞争，人为地阻断资源和商品跨省区流动，使得国内市场分割严重。一方面，不顾规模经济和技术更新换代的要求，热衷于大上项目，特别是能产生高税收和高利润的项目，导致盲目投资、重复建设严重，地区间产业结构趋同；另一方面，对市场横加干预，实行地区封锁和经济割据，设置进入壁垒或流出壁垒，或采用不正当手段对外倾销，甚至保护、纵容假冒伪劣产品的生产销售。

但事实上，政府的保护对象也包括利税率低下的企业，林毅夫和刘培林

（2004）认为这是地方政府出于政绩的考虑，是重工业优先发展的赶超战略在财政分权改革下的逻辑延伸。计划经济时期形成的地区间资源误配置已经成为事实，在市场经济体制下，这些违反地方比较优势的产业和企业是缺乏竞争力和自生能力的，但出于政绩的考虑地方政府不得不对其进行保护。因此，中国目前的地方保护和市场分割，在一定程度上是改革开放之前中央政府保护实施赶超战略的企业免于国际竞争的行为，在分权改革体制下演变为各省保护当地企业免于国际和其他国内省份竞争的行为。周黎安（2004）的分析为中国地区市场分割提供了一个很好的视角，但其研究容易给人这样一个误解：地方政府为了政治晋升，在地区市场分割上会是一种"逐顶竞争"，即对其他地区越分割越好。但这种"逐顶竞争"没有出现，邓明（2014）认为地方政府市场分割没有出现"逐顶竞争"有两个方面原因：一是中央政府不希望地方政府间为 GDP 竞争而相互损害对方，因此，对于中央政府而言，降低地方市场分割是其重要工作；二是市场分割会有利于保护当地经济，但这两者之间可能并非是简单的线性关系，陆铭和陈钊（2009）的实证研究结果就发现，市场分割对地区经济增长是一种倒 U 形的影响：在市场分割程度较低时，市场分割能起到保护本地经济的作用，一旦当市场分割度超过某一临界值时，就会损害本地经济。因此，在"中国式分权"衍生出的晋升竞标赛的激励下，地方政府间在市场分割上的策略互动绝非"逐顶竞争"，而是一种"相机抉择"的策略行为，即在与本地区处于"标杆竞争"中相同位置的其他地区采取比较大的市场分割时，本地区政府也会相应采取"以牙还牙"的策略保护自己的利益；但在中央政府的政策和法律约束以及保护本地区经济的驱动下，地方政府也会将市场分割控制在适当的程度。因此，在没有外部冲击（包括上级政府的政策）的情况下，谁也没有动力首先去减弱本地区的市场分割水平，最后，陷入一种"囚徒困境"（石磊、马士国，2006；邓明，2014）。

另外，在现实中，地方的保护主义或重复建设并不一定表现为对已有企业的保护，而往往表现为对一些新兴的或成长中的产业的保护，这些产业在发展的初期可能需要政府进行大量的投入，还不能为地方创造收入甚至就业，一些学者从地方发展战略的角度对这样的现象进行了解释。陆铭等（2004）从落后地区出发，构建了地区间动态分工模型，其研究认为，很多产业（特别是具有一定技术含量的成长性产业）都存在着由"干中学"机制所导致的收益递增性，较发达地区在高技术产业拥有比较优势，在收益分配中占据了更高的谈判地位，从而在分工收益中得到了较大的份额，而对于落后地区而言，如果选择加入区域分工体系，只能分享分工收益的较少的部分。相反，如果落后地区选择暂时不加入分工体系的话，虽然它将丧失短期内的分工收益，但却由此发展了高技术产业，提高了自己在未来分配分工收益的谈判中的地位。在这样的机制下，落后地区地方政府的理性行为是争先恐后地发展一些所谓的战略性产业，从而造成一轮一轮的重复建设，无法在全国范围内形成整体市场分工体系。范爱军等（2007）的实证分析显示人均 GDP 与市场分割程度呈负相关，说明经济欠发达地区有动力进行市场分割。皮建才（2008）的模型是以发达地区为着眼点，分析了国内市场整合给发达地区带来的成本和收益，认为地区发展差距是阻碍市场整合的决定性力量，正外部溢出效应是推进市场整合的决定性力量，而中央政府对地方官员的考核机制则会对这种力量的对比和权衡产生重要的影响，改变中央政府对地方官员的考核机制会对区域市场整合的程度产生很大影响，并进而对全国统一大市场的形成产生很大的影响。而中央政府在其中的可为之处正在于根据不同的情况对不同地区采用不同的地方官员政绩考核机制或在相同的政绩考核机制下采取不同的措施。市场整合的收益来源于正外部溢出效应，正外部溢出效应主要包括地理集聚效应以及市场范围扩大带来的资源配置效率的提高；市场整合的成本来源于地区收入差距，差距越大整合的成本也就会越大。在转轨经济条件下，地方政府官员特有的报酬结构使得政治与经济地位类似的省区更有动力去模仿其他省区成功的经济发展战略和产业政策，这种理性模仿策略势必造成区域产业结构趋同（贺灿飞、刘作丽等，2008）。

财政分析对市场分割的影响如图 3-5 所示。

大量学者在上述理论基础上，进行了财政分权对市场分割影响的实证分析，结果表明，政府财政支出越高，国有企业就业比重越高，地区间市场分割程度也越高（范爱军等，2007；陈敏等，2007）。省对下财政收入分权具有加强地方保护主义行为的内在激励，财政收入分权度越高的地区也是市场分割越严重的地区，与财政收入分权激励不同，省对下财政支出分权可能通过改善交通设施等渠道促进国内统一市场的形成（任志成、张二震，2014）。无论是预算内财政收入分权还是预算内外财政总收入分权对市场分割度都具有明显的正向效应，而且统计上显著（刘小勇、李真，2008）。

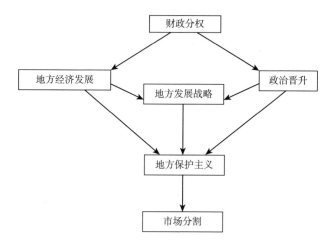

图 3 – 5 财政分权对市场分割的影响

（二）对外开放

对外经济开放是中国经济改革的根本举措，一方面使中国直接参与国际分工，分享全球规模经济的效益；另一方面推动中国经济非国有化和政府放松管制，间接对国内市场一体化进程产生影响。对外开放过程中，中国经济重新融入全球经济，国内市场的贸易流向、地方政府和企业的行为、人们的观念等都发生了非常重大的变化，这些都会对国内市场的一体化进程产生深刻的影响。理论上，经济开放对国内市场一体化的作用机制非常复杂，在不同的作用机制下，经济开放对于国内市场一体化的作用可能是正的，也可能是负的。一方面，在经济开放水平较低的时候，对外贸易的关税壁垒较高，地方政府能够在相对封闭的经济中实行其分割市场政策，此时国际贸易活动的扩大可能"挤出"国内省际贸易（Poncet，2002）。而随着开放水平的提高，特别是整体关税水平的降低，地方政府将面临一个竞争性越来越强的市场环境，在国内采取分割市场和地方保护主义政策的成本也越来越高昂，最终促使地方政府逐渐减少分割市场的活动（Li et al.，2003）。经济开放除了改变地方政府的决策环境以外，还能够通过改变企业行为与人们的观念促进市场一体化。

实证估计结果表明，经济开放对国内市场整合的影响是非线性的，在经济开放水平较低时，经济开放会加剧国内市场的分割，但当经济开放程度进一步提高的时候，经济开放促进市场一体化的作用将更为强烈，从而在总体上显示出经济开放有利于国内市场的一体化，也就是说国际市场的规模效应同样促进国内生产规模效应的形成（陈敏等，2007；任志成、张二震，2014）。贸易开放与财政分权交互作用于国内市场分割，当贸易开放度较低时（小于 75.5%），地方经济未充分融入全球价值链分工和国内价值链分工，地方政府会选择市场分割策略来保护本地市场和辖区内国有企业，以此来获取区域经济和地方财政收入短期内的高速增长；贸易开放度达到一定程度后（超过 75.5%），在学习国外先进的公共治理经验的基础上地方政府也能实现"高财政分权度与国内市场的高度整合"共存（任志成、张二震，2014）。行伟波和李善同（2009）在测算"边界效应"的基本模型中，加入国际贸易因素（贸易流入省和流出省的国际进出口总值）后，发现 2004 年、2005 年的省际边际效应分别从 4.04、4.71 降低到 3.99 和 4.11，这意味着对外贸易促进了国内的省际贸易。范爱军等（2007）作了更为具体的分析：第一，外资利用规模与市场分割程度成正相关关系，外资利用规模越大，该地区在吸引外资时的竞争力越强，控制资源流出、商品流入的能力也越强；第二，由于市场容量有限，进口额占当地 GDP 比重较大的地区，为保护本地产品的市场有较大的动力进行市场分割，进口规模较小的地区市场分割程度也较低；第三，出口额占当地 GDP 比重越大的地区越有动力促进市场一体化，因为当地出口企业以一体化的国内大市场为依托，可以充分发挥规模经济的作用，实现成本的最小化，提升产品的国际竞争力，从而促进当地经济快速发展。因此，当两地中利用外资规模较小的地区以更快的速度吸收并利用外资时，两地利用外资的相对规模缩小，它们之间的市场分割程度将降低；两地中进口规模较高的地区以较慢的速度增加进口时，两地间的市场分割程度也会降低；两地中出口规模较低的地区以较快的速度扩大本地的出口规模时，两地间的市场分割程度将会提高。

（三）中央政府的转移支付

中央政府对落后地区的转移支付可以间接促进国内市场的整合（陆铭等，2004；范子英、张军，2010）。在财政分权和自由市场同时存在的情况下，落后地区会理性地选择不分工，采取市场分割，战略以获取更多的收益。但是如果中央政府采用转移支付的政策，将一部分收益从发达地区转移到落后地区，则可以弥补落后地区在分工中的损失，落后地区将放弃进行市场分割，努力融入全国的分工体系中。地区之间的技术差距越大，发达地区的技术进步越快，产品相对价格越高，使得落后地区融入分工体系所进行转移支付的空间也越大。但沿海地区由于在利用开放带来的国际贸易替代国内贸易，转移支付在东部地区并没有带来市场整合，而内陆地区的转移支付与市场整合的关系符合前面的假说，给予落后地区更多的转移支付可以有效地使得这些地区融入分工体系。中央政府的转移支付作为一种"协调手段"能弱化地区间市场分割的策略互动，即一个地区所得到的中央转移支付越多，其市场分割策略互动的系数越小（邓明，2014）。任志成和张二震（2014）的实证研究则表明，中央转移支付对市场分割有显著的正面影响，中央对地方的转移支付不仅没有缓解地方保护主义行为，反而加剧了市场分割度。他们认为，两者的正相关关系可能是因为中国目前税收返还占转移支付的比重仍然较高，中央对地方转移支付隐含着对地方政府财政创收的奖励，因此转移支付刺激地方政府采取了保护本地税源的市场分割策略。

（四）其他因素

除了上述政府政策性因素外，一些学者从实证的角度分析了非政府因素对市场分割的影响。王晓东和张昊（2012）对流通组织与流通渠道在构建统一市场中的角色进行了分析，实证结果显示，批发环节流通企业规模的扩大未必带来地区间市场整合能力的提升。企业"放权让利"后厂商自销的普遍化与流通体制改革所形成的路径依赖，使得区域性的代理商或经销商成为渠道中间环节的重要主体，形成了"分枝状"的渠道结构。这种流通形式割断了地区间的横向联系，也使生产商得以实行地区间的价格歧视。在区域性经销商、代理商发展壮大以后，其相互间的整合变得愈发困难，且生产商也没有推动这种融合的动机。与批发环节不同的是，零售终端的横向联合却可以在一定程度上减弱这种分割的态势。郭勇（2013）的实证分析表明，国际金融危机加剧了中国区域市场的分割，受国际金融危机影响越大的地区，越可能实施地方保护，区域市场分割也越明显，并且这种作用是即期的。蔡宏波和戴俊怡（2015）实证分析了市场潜能对国内市场分割的影响，结论显示，市场潜能越大的地区，地方政府保护本地经济的成本就会越高，从而有利于降低市场分割的程度。

第二节　中国经济活动的集聚：特征事实

现实世界普遍存在经济活动的空间聚集现象，经济空间的"块状"特征非常明显（安虎森，2009）。在任何地理层次上，经济产出都呈现地区集中的态势，世界地区生产总值的 1/4 是由仅占世界土地面积 0.3% 的地区生产的，1/2 是由 1.5% 的地区生产的，9/10 是由 16% 的地区生产的。世界上超过 1/4 的国家中，超过 1/2 的国民收入是由不及国家总面积 5% 的地区生产的，在世界 1/2 的国家中，1/3 或超过 1/3 的国民收入是由不及国家总面积 5% 的地区生产的，只有 1/10 的国家经济分散，5% 的土地面积上产生的国民收入不及国民收入总值的 1/10（世界银行，2009）。与世界经济地理特征一样，中国的经济地理也是不平的，突出表现为经济活动向东部沿海地区与城市群地区集聚，以及制造业和生产性服务业明显的产业集聚现象。下文从区域和城市群两个层次对中国经济活动集聚状况进行了描述，对产业在不同区域的集聚状况也进行了分析。

一、经济活动向东部沿海地区集聚

改革开放后，特别是 20 世纪 90 年代以来，随着市场力量在资源配置中的作用日益加强，沿海地区凭借邻近国际市场的地理优势、历史形成的工业基础以及国家制造品出口导向和沿海导向的渐进开放政策，吸引了大量的资本和劳动力，从而使其成为中国经济活动集聚的主要地区。从经济总量看，1980～2016 年，东部地区[①]生产总值占全国的比重由 43.8% 提高到 52.6%，提高了 8.8 个百分点，2006 年达到历史最高点 55.7% 后开始下降，但是在2014 年又开始出现小幅度上升趋势；中部地区变化幅度较小，基本保持在20% 左右；西部地区在 1980～2004 年基本呈下降趋势，从 20.2% 减少到16.9%，之后呈小幅度上升趋势，2016 年增加到 20.1%；东北地区一直呈下降趋势，1980～2016 年从 13.7% 下降为 6.7%，下降了 7 个百分点（见图 3-6）。鉴于统计数据的可得性，第二产业和第三产业增加占全国的比重从 1996 年开始分析，1996～2005 年，东部地区第二产业增加值占全国的比重呈上升趋势，中西部地区呈缓慢下降趋势；2005 年之后东部地区比重开始下降，直至2014 年再次上升，中西部地区则基本呈上升趋势；1996～2016 年东北地区第

---

① 东部地区 10 个省（市），包括北京、天津、河北、上海、江苏、浙江、福建、山东、广东和海南；中部地区 6 个省：山西、安徽、江西、河南、湖北和湖南；西部地区 12 个省（区、市），包括内蒙古、广西、重庆、四川、贵州、云南、西藏、陕西、甘肃、青海、宁夏和新疆；东北地区 3 个省，包括辽宁、吉林和黑龙江。

二产业增加值占全国的比重持续下降（见图 3 – 7）。四大区域第二产业增加
值占全国比重的变化趋势与 GDP 比重的变化趋势基本一致。各区域第三产业
增加值占全国比重的变化不明显，1996 ~ 2016 年东部和西部地区第三产业增
加值占全国的比重分别上升了 1. 95 个和 1. 22 个百分点（虽同为上升但两者
变化趋势不同，东部地区比重变化呈倒 V 形，西部地区呈 V 形），中部和东
北地区分别下降了 0. 22 个和 2. 96 个百分点（见图 3 – 8）。

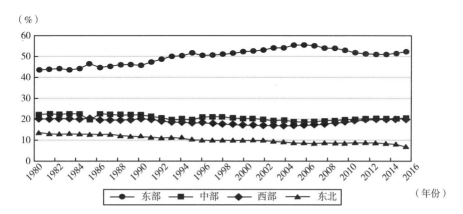

图 3 – 6　1980 ~ 2016 年中国四大区域地区生产总值占全国比重的变化

资料来源：1980 ~ 1987 年数据来源于《新中国六十年统计资料汇编》，其余年份来源于各年份
《中国统计年鉴》。

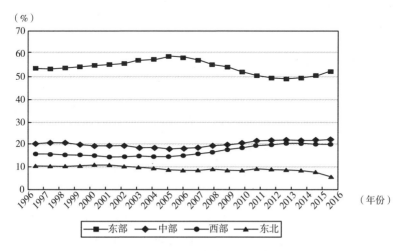

图 3 – 7　1996 ~ 2016 年中国四大区域第二产业增加值占全国比重的变化

资料来源：1980 ~ 1987 年数据来源于《新中国六十年统计资料汇编》，其余年份来源于各年份
《中国统计年鉴》。

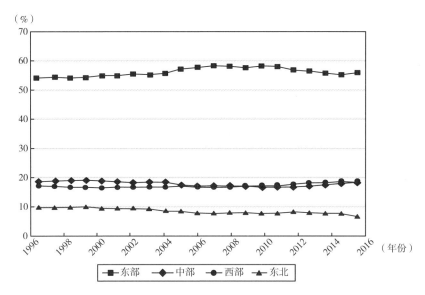

图 3 - 8　1996 ~ 2016 年中国四大区域第三产业增加值占全国比重的变化

资料来源：1980 ~ 1987 年数据来源于《新中国六十年统计资料汇编》，其余年份来源于各年份《中国统计年鉴》。

从 1980 ~ 2016 年各省（区、市）地区生产总值占全国比重的变化，也可以看出中国经济活动向东部地区集聚的趋势十分明显（见图 3 - 10）。东部地区北京、江苏、浙江、福建、山东、广东的地区生产总值比重有显著上升，分别上升了 1.95、2.50、1.88、1.67、1.94、4.57 个百分点，其他地区只有重庆的比重呈上升趋势，但仅上升了 0.31 个百分点；东北地区的辽宁、黑龙江以及西部地区的四川下降趋势明显，分别下降了 3.67、3.15、1.10 个百分点；东部的河北地区生产总值比重下降，很大程度上受京津地区的极化效应影响。值得注意的是，上海的比重也出现了明显的下降趋势，从 7.24% 下降到 3.61%，下降了 3.63 个百分点。北京和浙江第二产业增加值占全国的比重呈下降趋势，故其地区生产总值比重明显上升在于第三产业增加值比重的上升；福建和广东则主要是第二产业增加值比重上升趋势明显；江苏和山东第二产业和第三产业增加值比重均呈上升趋势；河北和上海第二产业和第三产业增加值比重均呈下降趋势。

以单位土地面积生产的地区生产总值作为经济密度，利用自然断点分类法对全国 285 个地级及以上城市的经济密度进行聚类，结果发现，经济密度高的地市越来越集中于东部沿海的京津冀、长三角、珠三角地区，且东部地区各地市的经济密度与其他地区的差距越来越大。1990 年经济密度较大地市在京津冀、长三角、珠三角、山东半岛、辽中南、东北中部、关中、湖北北部等地区均有分布，2000 年密度较高地区开始向东部沿海地区省份集聚，2010 年进一步向沿海地区的京津冀、长三角、珠三角地区集聚。1990 年上海市经济密度最高（1174.4 万元每平方公里），是经济密度最低的泰州市（2.5 万元每平方公里）的 470 倍；2015 年深圳市经济密度最高（87524.6 万元每平方公里），是最低的酒泉市（32.4 万元每平方公里）的 2701 倍。

二、经济活动向城市群地区集聚

随着城市群成为支撑世界各主要经济体发展的核心区和增长极，国家间竞争正日益演化为主要城市群之间的综合实力比拼。进入 21 世纪，中国区域发展的重要特点是城市群的出现（国家发改委国地所课题组，2009）。"十一五"以来，中国开始把城市群作为推进城镇化的主体形态，区域发展重心在不断转移调整，过去传统的"东中西部"条状区域发展思路已经改变，以城市群为单位的"块状"区域规划上升为国家战略（张学良，2013）。《国家新型城镇化规划（2014～2020 年）》中明确提出，要以城市群为主体形态，科学规划建设城市群，推动大中小城市和小城镇协调发展。目前，城市群不仅是中国新型城镇化的主体形态，也是拓展发展空间、释放发展潜力的重要载体以及参与国际竞争合作的重要平台。

肖金成和欧阳慧等（2015）借鉴国外城市群形成的经验，根据城市群的基本概念和城市群范围的界定原则，最终确定中国已经形成十大城市群，并确定了城市群的范围。2016 年，国家发改委印发了《长江三角洲城市群发展规划》《长江中游城市群发展规划》《成渝城市群发展规划》《哈长城市群发展规划》四个城市群发展规划，除哈长城市群外，均包括在上述十大城市群之列。下文以十大城市群及哈长城市群来分析中国经济活动向城市群的集聚状况。

表 3−1   中国 11 个城市群基本情况

城市群	包含的城市	面积（万平方公里）
京津冀	北京、天津、廊坊、保定、唐山、张家口、承德、秦皇岛、沧州、石家庄	18.37
辽中南	沈阳、抚顺、本溪、辽阳、鞍山、营口、铁岭、盘锦、大连、丹东	9.68
山东半岛	济南、泰安、淄博、莱芜、滨州、东营、潍坊、青岛、烟台、威海、日照	9.45
长三角	上海、南京、无锡、常州、苏州、南通、盐城、扬州、镇江、泰州、杭州、宁波、嘉兴、湖州、绍兴、金华、舟山、台州、合肥、芜湖、马鞍山、铜陵、安庆、滁州、池州、宣城	21.17
海峡西岸	福州、莆田、宁德、厦门、漳州、泉州	5.58
珠三角	广州、深圳、东莞、惠州、佛山、中山、江门、肇庆、珠海	5.49
关中	西安、咸阳、宝鸡、渭南、铜川、商洛	7.48
中原	郑州、开封、新乡、许昌、焦作、洛阳、济源、漯河、平顶山	5.87
成渝	重庆、成都、自贡、泸州、德阳、绵阳、遂宁、内江、乐山、南充、眉山、宜宾、广安、达州、雅安、资阳	23.95
长江中游	武汉、黄石、鄂州、黄冈、孝感、咸宁、仙桃、潜江、天门、襄阳、宜昌、荆州、荆门、长沙、株洲、湘潭、岳阳、益阳、常德、衡阳、娄底、南昌、九江、景德镇、鹰潭、新余、宜春、萍乡、上饶、抚州、吉安	35.03
哈长	哈尔滨、大庆、齐齐哈尔、绥化、牡丹江、长春、吉林、四平、辽源、松原、延边朝鲜族自治州	27.85

资料来源：根据相关资料整理。

　　11 个城市群的土地面积为 169.9 万平方公里，占全国国土面积的 17.9%，2015 年城市群地区生产总值为 52.6 万亿元，占全国的比重为 76.8%。也就是说，11 个城市群以不到全国 1/5 的土地面积，创造了将近全国 4/5 的地区生产总值。1999～2015 年，11 个城市群地区生产总值占全国比重的变化呈拉长的 N 型，1999～2005 年为持续快速上升阶段，从 68.5% 上升到 76.7%；2005～2007 年经历了短暂的下降阶段，从 76.7% 下降到 74.0%；2007 年之后又开始快速上升，2012 年达到 77.6%，超过了 2005 年的水平；2012 年后出现小幅度下降趋势。11 个城市群第二产业增加值占全国的比重从 73.0% 上升至 77.0%，1999～2009 年为持续快速上升阶段，2009～2011 年出现了较大幅度下降，之后稳定在 77.0% 左右。2009～2011 年大幅度下降主要是因为沿海地区珠三角、长三角、

海峡西岸城市群第二产业增加值比重明显下降，分别下降了 1.13、1.69 和 2.44
个百分点。11 个城市群第三产业增加值占全国的比重从 72.5% 上升至 79.3%，
1999～2006 年持续快速上升，2007 年下降了 6.6 个百分点，2007～2012 年在波
动中呈上升趋势，之后出现小幅度下降（见图 3-9）。2007 年下降主要是因为
京津冀、长三角、珠三角、成渝、长江中游城市群比重下降较明显，分别下降
了 0.69、0.84、0.51、0.41 和 0.44 个百分点。总体上，11 个城市群地区生产
总值及第二产业、第三产业增加值占全国的比重呈上升趋势，表明经济活动在
向城市群地区聚集。

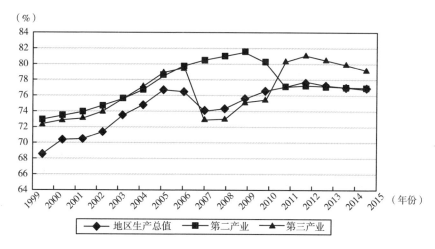

图 3-9　1999～2015 年中国十一大城市群经济活动总量占全国的比重

　　11 个城市群中，京津冀、关中、中原城市群地区生产总值占全国的比
重基本呈持续上升趋势，1999～2015 年京津冀地区生产总值比重上升了
1.24 个百分点，关中和中原城市群上升较少，分别为 0.46 和 0.53 个百分
点；长三角、珠三角、山东半岛城市群地区生产总值比重在 2006 年之前呈
较快速上升阶段，之后出现小幅度下降或趋于平稳；成渝、长江中游城市
群地区生产总值比重变化趋势正好相反，2009 年前在平稳中略有下降，之
后呈快速上升趋势；辽中南城市群地区生产总值占全国的比重几乎保持不
变；海峡西岸、哈长城市群则总体呈下降趋势（见图 3-10）。城市群处在
不同的发展阶段，对其所在区域发挥的空间作用不同，初期阶段集聚作用
占绝对优势，集聚是城市群发展的主要驱动力；成长阶段以集聚作用为主，
扩散作用为辅；形成阶段，集聚与扩散作用相平衡，共同驱动城市群发展；
成熟阶段扩散作用略占优势，是主要的驱动力（国家发改委国地所课题组，

2009）。总体上，东部地区城市群的扩散作用已经显现，开始向周边地区扩散，这种扩散作用部分源于产业集聚膨胀到一定程度而导致集聚不经济产生的被动扩散，部分源于官方或半官方机构组织协调下进行的主动扩散；中西部地区城市群仍然处于集聚作用占主导的成长阶段，呈集聚发展趋势；东北地区城市群因受当地经济发展下滑影响，还没能够很好地发挥其集聚作用。

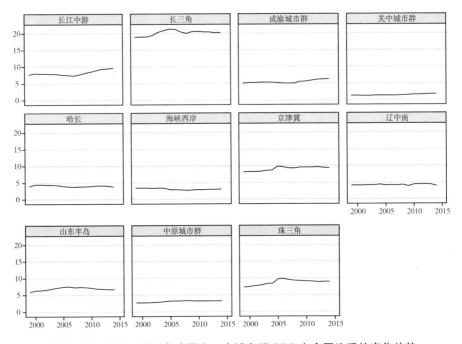

图 3 - 10　1999 ~ 2015 年中国十一大城市群 GDP 占全国比重的变化趋势

三、产业集聚趋势

（一）制造业产业集聚趋势

改革开放以来，随着政府放权、国内市场一体化发展和面向国际市场的逐步开放，产业空间分布表现出区域化特征，而制造业所受到的冲击最大，在产出总量经历快速增长的同时在空间上呈现出明显的地理集中趋势（王业强、魏后凯，2007）。

罗胤晨和谷人旭（2014）利用基于工业总产值的区位基尼系数[①]，对中国 1980~2011 年制造业的集聚趋势进行了分析。考虑到 1998 年以后《中国工业经济统计年鉴》只公布了 20 个两位数制造业分省的数据，并且期间制造业行业分类标准和编号进行了调整，为保证数据的连续性和可比性，本章所指的制造业实际上只包括了 19 个两位数制造业，分别为食品加工制造业、饮料制造业、烟草制品业、纺织业、纺织服装鞋帽制造业、造纸和纸制品业、石油加工和炼焦及燃料加工业、化学原料及化学制品制造业、医药制造业、化学纤维制造业、非金属矿物制品业、黑色金属冶炼及压延加工业、有色金属冶炼及压延加工业、金属制品业、机械工业、电气机械及器材制造业、通信设备和计算机及其他电子设备制造业、交通运输制造业、仪器仪表及文化办公机械制造业等。另外，由于 2013~2015 年《中国工业经济统计年鉴》中没有"工业总产值"的统计指标，作者根据"工业销售产值"指标计算了 2005~2014 年制造业的基尼系数。总体上，1980~2014 年中国制造业集聚程度变化的总趋势是上升的，但具有较为明显的阶段性特征，空间集聚程度经历"先下降—后上升—再下降"的螺旋上升进程（罗胤晨、谷人旭，2014）。1980~1989 年为第一阶段，制造业的空间集聚程度趋于下降趋势，基于工业总产值计算的区位基尼系数从 0.5110 下降到 0.4889。这一时期传统的计划经济思想还占据主导地位，各地区条块分割比较严重，因此市场因素对制造业地理集中的推动作用不明显（王业强、魏后凯，2007）。1989~2004 年为第二阶段，制造业的集聚程度持续上升，基于工业总产值计算的区位基尼系数从 0.4889 增加到 0.6323，其间仅在 1997 年出现小幅度的回落。2004~2014 年为第三阶段，制造业的空间集聚程度在 2004 年达到峰值后，出现了明显的下降趋势。2004~2011 年基于工业总产值计算的区位基尼系数从 0.6323 降到 0.5863；2004~2014 年基于工业销售产值计算的基尼系数从 0.5729 降到 0.5322。虽然基于工业销售产值计算的基尼系数总体上小于基于工业总产值计算的基尼系数，但两者的变化趋势基本一致（见图 3-11）。上述结果同贺灿飞和潘锋华（2011）基于工业增加值、工业总产值及工业就业数计算的制造业集聚程度变化趋势基本一致。

[①] 区位基尼系数计算公式为：$G_i = \dfrac{1}{2N^2\mu} \sum_j \sum_i \left| \dfrac{x_{ij}}{x_i} - \dfrac{x_{ik}}{x_i} \right|$，$x_{ij}$，$x_{ik}$ 为产业 i 在 j 省或 k 省的产值，x_i 为产业 i 在全国总产值，μ 为产业 i 在各省的比重均值，N 为省区总数。

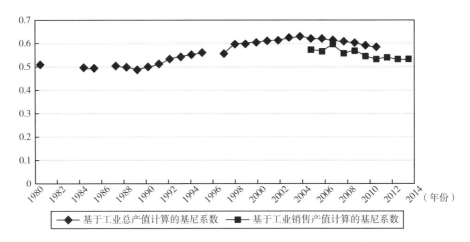

图 3 - 11   1980 ~ 2014 年中国制造业基尼系数变化趋势

资料来源：罗胤晨，谷人旭. 1980 ~ 2011 年中国制造业空间集聚格局及其演变趋势［J］. 经济地理，2014，34（7）：83 - 89.

此外，文东伟和冼国明（2014）采用 EG 指数①分析了 1998 ~ 2009 年中国制造业集聚程度及趋势变化，结果进一步印证了上述结论。文东伟和冼国明（2014）利用经过处理后的中国工业企业数据库企业层面数据，分别测度 31 个省 30 个两位数制造业行业、163 个三位数制造业行业和 430 个四位数制造业行业的 EG 指数。两位数行业的 EG 指数在 1998 ~ 2004 年处于快速上升期，从 0.024 上升到 0.0406；1998 ~ 2005 年三位数行业和四位数行业的 EG 指数快速上升，三位数行业从 0.0429 上升到 0.0714，四位数行业从 0.0488 上升到 0.0799。但在 2005 年或 2004 年之后不同层次行业的 EG 指数均呈现下降或平稳的趋势，直到 2009 年才有明显的上升（见图 3 - 12）。

从制造业细分行业看，贺灿飞和潘峰华（2011）的研究结果表明，大多数产业的地理集聚程度在 2003 ~ 2005 年左右达到最高位，并维持稳定或者开始下降。19 个制造业细分行业中，空间集聚程度峰值出现在 2003 年的有 6 个，2005 年 2 个，2006 年 2 个，2007 年 3 个，2001 年 1 个，1994 年 2 个，

---

① EG 指数又称 γ 指数，其计算公式为：$\gamma_i = \dfrac{G_i - [1 - \sum_r (x_r)^2] H_i}{[1 - \sum_r (x_r)^2](1 - H_i)}$，r 和 i 分别表示地区和行业，$G_i$ 为产业空间基尼系数，反映产业的空间集聚程度，x_r 为地区 r 的总就业人数占全国总就业人数的份额，反映全国总就业的地区分布，H_i 为行业 i 的赫芬达尔指数，反映行业 i 的竞争程度或企业规模的分布情况。

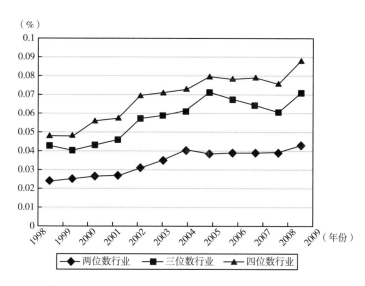

图 3 – 12 1998 ~ 2009 年中国制造业 EG 指数变化趋势

资料来源：文东伟，冼国明. 中国制造业产业集聚的程度及其演变趋势：1998 ~ 2009 年 [J]. 世界经济，2014（3）：3 – 31.

1980 年 3 个。因此，可以大体判断，中国制造业的集聚程度变化在 2004 年左右开始进入拐点。另外，不同要素密集型产业的地理集聚趋势也存在显著差异，劳动密集型产业在 20 世纪 80 年代以来越来越集中，90 年代中期更是出现加速集聚现象；资源密集型产业则在 80 年代存在明显的区域平衡趋势，诸多产业的地理集聚程度下降，90 年代中期以来，化学原料与制品以及有色金属冶炼与压延加工业在空间上不断集聚，其他产业如烟草加工业、黑色金属冶炼与压延加工业以及石油加工与炼焦业则趋于空间扩散；资本技术密集型产业在 80 年代经历了空间结构性调整，大量产业布局在内地，改革开放以来，沿海省区在提升劳动力密集型产业的同时，资本技术密集型产业才在外资和内需的驱动下得以发展。平均而言，资源密集型产业较劳动密集型产业和资本技术密集型产业更为分散。文东伟和冼国明（2014）基于 EG 指数的研究则发现，EG 指数最高的两位数行业主要集中在一些技术水平相对较低的劳动密集型行业，如文教体育用品制造业，纺织服装、鞋、帽制造业，皮革、毛皮、羽毛（绒）及其制品业等，以及一些资本和技术密集型行业，如化学纤维制造业，通信设备、计算机及其他电子设备制造业，仪器仪表及文化、办公用机械制造业，这些行业最重要的特征是产品便于储存和运输，流动性强，因此空间集聚程度较高。EG 指数最低的行业集中在食品制造业、造纸及纸制品业、印刷业和记录媒介的复制、化学原料及化学制品制造业、医药制造业、金属制品业，这些行业的产品不便于储存和运输，流动性较弱，通常都比较分散。

虽然从整体上看，中国制造产业集聚呈上升的趋势，但产业集聚的程度与欧美主要国家相比却相对较低（文东伟、冼国明，2014）。通过县级四位数制造业行业计算得到的 EG 指数来衡量制造业产业集聚程度，中国 430 个四位数制造业行业中，高度集聚行业所占比重由 1998 年的 2.79% 上升到 2004 年的 6.74%，2009 年进一步上升到 10.51%，从变化趋势上看，越来越多的行业成为高度集聚的行业，产业集聚程度在加深。但与欧美主要发达国家相比，中国高度集聚行业占全部四位数行业的比重仍然很低，美国 1987 年 459 个四位数行业中，高度集聚行业所占比重为 25%；英国 1992 年 211 个四位数行业中，高度集聚行业所占比重为 16%；法国 1993 年 273 个四位数行业中，27% 的行业属于高度集聚行业；而中国 2009 年 428 个四位数行业中，高度集聚行业所占比重仅 10.51%，集聚较低行业所占比重达 68.93%（见表 3 - 2）。

表 3 - 2　中国制造业产业集聚程度（EG 指数）与欧美主要发达国家的比较

国家	年份	地理单元	四位数行业数量（个）	四位数行业集聚程度分布（%）		
				高度集聚	非常集聚	集聚较低
中国	1998	2706 个区县	430	2.79	10.70	86.51
	2004	2725 个区县	430	6.74	16.98	76.28
	2009	2667 个区县	428	10.51	20.56	68.93
美国	1987	3000 个县	459	25.00	65.00	10.00
英国	1992	477 个邮编地区	211	16.00	29.00	65.00
法国	1993	95 个县	273	27.00	23.00	50.00

资料来源：文东伟，冼国明. 中国制造业产业集聚的程度及其演变趋势：1998 ~ 2009 年 ［J］. 世界经济，2014（3）：3 - 31.

（二）生产性服务业集聚趋势

20 世纪 80 年代以来，服务业在中国迅速发展，1980 ~ 2015 年，第三产业 GDP 从 1023.4 亿元增加到 344075 亿元，占全国 GDP 的比重由 22.3% 上升到 50.2%。2011 年第三产业从业人员比重首次超过第一产业，成为吸纳就业的主要渠道（陈红霞、李国平，2016）。服务业中生产性服务业的集聚程度较高，且都表现出逐渐提高的动态趋势，而以批发零售业和住宿餐饮业等消费性和公共性服务业的集聚程度较低，基本上都表现出降低的集聚趋势（陈建军、陈国亮等，2009）。

　　根据《中华人民共和国行业分类国家标准》和《中华人民共和国国民经济和社会发展第十一个五年规划纲要》对生产性服务业的分类，生产性服务业包括交通运输、仓储和邮政业，信息传输、计算机服务和软件业，金融业，房地产业，租赁和商务服务业，科学研究、技术服务和地质勘查业六大类。利用基尼系数①衡量中国生产性服务业的集聚程度，结果显示，租赁和商业服务业的集聚程度最高，金融业的集聚程度最低；2003～2010年，生产性服务业的集聚程度均有所增加，其中租赁和商业服务业，交通运输、仓储和邮政业，信息传输、计算机服务和软件业的集聚趋势较明显（见图3–13）。

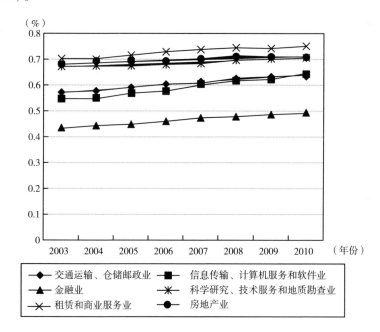

图3–13　2003～2010年中国生产性服务业基尼系数变化趋势

　　资料来源：盛龙，陆根尧. 中国生产性服务业集聚及其影响因素研究——基于行业和地区层面的分析［J］. 南开经济研究，2013（5）：115–129.

---

　　①　基尼系数计算公式为：$Gini_k = \frac{2}{n} \sum (i \cdot s_{ik}) - \frac{n+1}{n}$，$Gini_k$ 为行业 k 的基尼系数，k、i 分别代表行业和地区，n 为地区个数，s_{ik} 为地区 i 行业 k 的就业人数占全国行业 k 总就业人数的比重。

利用地区平均集中率①分析中国生产性服务业集聚的空间分布特征，2003 年生产性服务业平均集中率排名前 5 位的省（区、市）依次为北京、广东、上海、江苏、山东，均位于东部沿海地区，中西部及东北地区，除辽宁、黑龙江、河南三省外，其余省份生产性服务业平均集中率均在 4% 以下；2010 年平均集聚率排名前 5 位的省份仍然位于东部地区，依次为北京、广东、上海、浙江、山东。与 2003 年相比，东部地区的北京、广东、上海、浙江、福建、海南平均集中率均有所上升，分别上升 4.03、0.98、0.50、1.61、0.34、0.02 个百分点；西部地区仅陕西、青海、新疆的平均集聚率上升，且上升幅度很小，分别为 0.01、0.02、0.03 个百分点；东北和中部地区的所有省份生产性服务业平均集中率都在下降，且下降幅度较大，按下降幅度排名前 7 位的省份依次是河南、黑龙江、辽宁、江苏、湖北、吉林、湖南，除江苏外均为东北和中部地区省份。上述分析表明，21 世纪初期中国的生产性服务业就已经形成"以东部沿海为集聚中心，以东北、中西部为外围"的发展格局，随着时间的推进，这种发展格局存在继续强化的趋势，生产性服务业不断从东北、中西部地区向东部沿海地区集聚，东部地区的集聚中心效应被不断强化（盛龙、陆根尧，2013）。

第三节　本章小结

1978 年以后，中国政府强调对外开放甚于对内开放，使得以进出口总额占地区生产总值比重和外商直接投资衡量的中国国际市场一体化水平得到了显著提高。对于国内市场一体化程度变化趋势的争议主要存在于早期研究中，随着市场经济体制的建立和完善，中国国内市场分割程度是趋于下降的。基于"价格法"测度的国内商品市场一体化表明：1999～2015 年，全国国内市场一体化指数出现了三次下降趋势（1999～2001 年、2006～2008 年、2014～2015 年）和两次上升趋势（2001～2006 年、2008～2014 年），变动趋势相对平缓，但上升趋势持续的时间明显较长，总体上国内市场的一体化程度在提

---

① 地区平均集中率的公式为：$v_i = \dfrac{\sum_k s_{ik}}{m}$，$v_i$ 为地区 i 的平均集中率，s_{ik} 为地区 i 行业 k 的就业人数占全国行业 k 总就业人数的比重，m 为行业个数。

高。不同地区市场一体化程度的变动趋势与全国基本相同，在波动中呈上升趋势：中部和东北地区的一体化程度明显高于全国水平（尤其是东北地区），且波动幅度较大；东部和西部地区一体化程度与全国水平相当，西部地区一体化程度及其变动与全国水平最为相似，东部地区一体化趋势变动的时间早于全国及其他地区的变动。各省的市场一体化程度存在显著差异，大致表现出由东向西递减的趋势。财政分权、对外开放、中央政府的转移支付是国内市场一体化变化趋势的主要影响因素。

中国经济活动集聚现象主要从区域和城市群两个层次进行描述，同时对产业在不同区域的集聚状况也进行了分析。结果表明，改革开放后，沿海地区成为中国经济活动集聚的主要地区。从经济总量看，1980～2016 年东部地区生产总值占全国的比重由 43.8% 提高到 52.6%，2006 年达到历史最高点（55.7%）后开始下降，但是在 2014 年又开始出现小幅度上升趋势；中部地区变化幅度较小，基本保持在 20% 左右；西部地区在 1980～2004 年基本呈下降趋势，从 20.2% 减少到 16.9%，之后呈小幅度上升趋势，2016 年增加到 20.1%；东北地区一直呈下降趋势，1980～2015 年从 13.7% 下降为 6.7%。从第二产业增加值看，1996～2005 年东部地区第二产业增加值占全国的比重呈上升趋势，中西部地区呈缓慢下降趋势；2005 年之后东部地区比重开始下降直至 2014 年再次上升，中西部地区则基本呈上升趋势；1996～2016 年东北地区第二产业增加值占全国的比重持续下降。各区域第三产业增加值占全国比重的变化不明显。从 1980～2016 年各省（区、市）地区生产总值占全国比重的变化也可以看出，中国经济活动向东部地区集聚的趋势十分明显。另外，经济密度高的地市越来越集中于东部沿海的京津冀、长三角、珠三角地区，且东部地区各地市的经济密度与其他地区的差距越来越大。经济活动向城市群地区集聚的趋势也很明显。1999～2015 年 11 个城市群地区生产总值占全国的比重变化呈拉长的 N 型，1999～2005 年为持续快速上升阶段，从 68.5% 上升到 76.7%；2005～2007 年经历了短暂的下降阶段，从 76.7% 下降到 74%；2007 年之后又开始快速上升，2014 年达到 77%，超过了 2005 年的水平。11 个城市群第二产业、第三产业增加值占全国的比重也呈上升趋势。2015 年，11 个城市群以不到全国 1/5 的土地面积，创造了将近全国 4/5 的地区生产总值。产业集聚方面，1980～2014 年制造业产业集聚整体呈上升趋势，但无论是基于工业总产值计算的区位基尼系数还是 EG 指数均表明，制造业的空间集聚程度在 2004 年达到最大值后出现了明显的下降趋势，且与欧美主要国家相比中国制造业集聚程度相对较低。2003～2010 年生产性服务业的集聚程度均有所增加，其中租赁和商业服务业，交通运输、仓储和邮政业，信息传输、计算机服务和软件业的集聚趋势较明显。从生产性服务业集聚的空间分布看，21 世纪初期生产性服务业就已经形成"以东部沿海为集聚中心，以东北、中西部为外围"的发展格局，随着时间的推进，这种发展格局存在继续强化的趋势，生产性服务业不断从东北、中西部地区向东部沿海地区集聚，东部地区的集聚中心效应被不断强化。

第四章 一体化与经济集聚：理论模型

传统新古典理论在一定程度上揭示了市场一体化与产业集聚之间的关系。如李嘉图模型分析了一种简单的一体化与产业分布的关系，即：只要在完全一体化条件下，各国或各地区就有可能根据机会成本高低选择适合自己的产业进行专业化生产，从而实现产业集聚，但这种集聚与各产业相互之间的上下游联系、运输成本大小没有直接关系。赫克歇尔—俄林模型中，市场一体化是地区专业化生产的前提条件，但两者没有必然联系，各国或各地区的专业化取决于各自的资源禀赋差异，而不是市场一体化。本章主要在新经济地理框架下讨论一体化对经济集聚的影响。

第一节 核心—边缘模型下一体化对经济集聚的影响

一、基本假设

（1）经济中只有两个区域，北部和南部，两个区域在偏好、技术、开放度以及初始的要素禀赋方面都是对称的。

（2）存在两个部门：农业部门 A 和制造业部门 M。农产品是同质的，农业生产是规模报酬不变和完全竞争的；制造业部门包括许多差异化产品，存在规模报酬递增且是垄断竞争的市场结构。

（3）各部门只使用劳动力一种生产要素（制造业部分劳动力用 H 表示，农业部门劳动力用 L 表示），农业劳动力均匀地分布在两个地区，制造业劳动力可以流动，流动的方向是从低工资区域向高工资区域流动。

（4）两种产品可以在地区间进行交换，农产品无交易成本[①]，制造业产品运到本地消费市场无成本，运到外地市场时遵循萨缪尔森的冰山交易成本，即在其他地区出售一个单位的产品，必须运到 τ 个单位的产品（$\tau \geq 1$），$\tau - 1$ 个单位产品将在运输途中"融化"掉。

二、消费者行为

（一）消费者的效用函数

每个地区的消费者都有双重效用：第一层效用指消费者把支出按不同比例支付在农产品和工业产品时的效用，效用函数用柯布—道格拉斯函数形式；第二层效用指消费者消费差异化的制造业产品时的效用，效用函数是不变替代弹性（CES）效用函数。这样，消费者的效用函数可以写成如下形式：

$$U = C_M^{\mu} C_A^{1-\mu}, \quad C_M = \left[\int_{i=0}^{n+n^*} c_i^{\rho} di \right]^{1/\rho} = \left[\int_{i=0}^{n+n^*} c_i^{\sigma-1/\sigma} di \right]^{\sigma/\sigma-1}$$

$$0 < \mu, \rho < 1, \sigma > 1 \qquad (4-1)$$

其中，C_M 和 C_A 分别表示消费者对差异化工业品组合的消费和农产品的消费；n 和 n^* 分别表示北部和南部产品种类数量；μ 表示支出在工业品上的支付份额；$1 - \mu$ 表示支出在农业品上的支付份额；c_i 表示消费者对第 i 种工业品的消费量；ρ 表示消费者的多样化偏好强度，ρ 越大多样性的偏好程度越大；σ 表示任意两种工业品之间的替代弹性，$\sigma = 1/1 - \rho$。如果用 p_A 表示农产品价格，用 p_i 表示第 i 种工业品的价格，Y 表示消费者收入，则消费者效用最大化问题的约束条件为：

$$p_A C_A + \int_{i=0}^{n+n^*} p_i c_i di = Y$$

（二）工业品需求函数和价格指数

消费者效用最大化问题可以分两步。第一步选择实现工业品组合 C_M 所需成本最小的 c_i，即：

[①] 这一交易成本是广义的，指出售在区外市场时的所有成本，既包括运输网络形成的有形运输成本，也包括地方保护引起的贸易壁垒等因素，因此，交易成本是市场一体化的反义。

$$\min_{c_i} \int_{i=0}^{n+n^*} p_i c_i di$$

$$s.\ t.\ C_M = \left[\int_{i=0}^{n+n^*} c_i^{\rho} di \right]^{1/\rho}$$

建立拉格朗日函数 $L = \int_{i=0}^{n+n^*} p_i c_i di - \lambda \left[\left[\int_{i=0}^{n+n^*} c_i^{\rho} di \right]^{1/\rho} - C_M \right]$，分别对 c_i 和 c_j 求导并令其为 0，可以得到消费者对不同工业品的消费量与其价格之间的关系，即：$\dfrac{p_i}{p_j} = \dfrac{c_i^{\rho-1}}{c_j^{\rho-1}}$，用 c_i 表示 c_j，并代入成本最小化问题的约束条件，整理可得第 j 类工业品的消费需求，即：

$$c_j = \frac{p_j^{1/\rho-1}}{\left[\int_{i=0}^{n+n^*} p_i^{\rho/\rho-1} di \right]^{1/\rho}} C_M \qquad (4-2)$$

其中，C_M 为常数，分母在工业品价格体系给定的情况下也是常数，因此，消费者对任一种工业品的需求价格弹性为 $1/\rho - 1 = -\sigma$。消费者对第 j 类工业品的消费支出为 $p_j c_j$，对全部工业品的总支出为：

$$\int_{i=0}^{n+n^*} p_i c_i di = \int_{i=0}^{n+n^*} \frac{p_i^{1/\rho-1}}{\left[\int_{i=0}^{n+n^*} p_i^{\rho/\rho-1} di \right]^{1/\rho}} C_M di = \left[\int_{i=0}^{n+n^*} p_i^{\rho/\rho-1} di \right]^{\rho-1/\rho} C_M$$

$$(4-3)$$

消费者对工业品的支出，相当于购买了 C_M 单位的工业品组合，因此 C_M 前面的项可以看作是工业品价格指数 P_M，则：

$$P_M = \left[\int_{i=0}^{n+n^*} p_i^{\rho/\rho-1} di \right]^{\rho-1/\rho},\ 或\ P_M = \left[\int_{i=0}^{n+n^*} p_i^{1-\sigma} di \right]^{1/1-\sigma} \qquad (4-4)$$

工业品价格指数 P_M 是消费单位工业品组合所需支付的最低成本。将 P_M 代入式（4-2）整理后，工业品需求函数可简化为：

$$c_i = (p_i/P_M)^{1/\rho-1} C_M = (p_i/P_M)^{-\sigma} C_M \qquad (4-5)$$

（三）农产品和工业品组合需求函数

消费者效用最大化的第二步是在农产品和工业品之间的选择，即：

$$maxU = \max_{C_M, C_A} C_M^\mu C_A^{1-\mu}$$

$$s.\, t.\ P_M C_M + p_A C_A = Y$$

该最大化问题的解为：

$$C_M = \mu Y / P_M,\ C_A = (1 - \mu) Y / P_A \qquad (4-6)$$

上式就是农产品和某工业品组合的需求函数，消费者这样选择可以在预算约束下实现效用最大化。由于没有储蓄，收入水平 Y 就是支出水平 E，式（4-6）表明工业品的支出占总支出的份额为 μ，农产品支出份额为 $1 - \mu$。把式（4-6）中第一个式子代入式（4-5），则农产品和工业品需求函数可写成：

$$C_A = (1 - \mu) Y / P_A,\ c_i = \mu Y (p_i^{-\sigma} / P_M^{1-\sigma}) \qquad (4-7)$$

（四）间接效用函数和价格指数

将式（4-6）代入式（4-1）的第一项，可以得到通过农产品价格、工业品价格指数以及一定的收入水平表示的间接效用函数：

$$U_{max} = C_M^\mu C_A^{1-\mu} = \mu^\mu (1 - \mu)^{1-\mu} P_M^{-\mu} P_A^{\mu-1} Y \qquad (4-8)$$

其中，工业品和农产品价格组成的项可称为经济中消费者面对的全部消费品的完全价格指数，即：

$$P = P_M^{-\mu} P_A^{\mu-1} \qquad (4-9)$$

如果消费者的收入仅来自工资 w，在完全价格指数为 P 的情况下，消费者的实际工资为：

$$\omega = \frac{w}{P} = \frac{P}{P_M^{-\mu} P_A^{\mu-1}} \qquad (4-10)$$

三、生产者行为

农业部门在完全竞争和规模收益不变条件下生产农产品，单位农产品所需的劳动投入量为 a_A。工业部门在迪克西特—斯蒂格利茨（D-S）垄断竞争框架下讨论，每种差异化产品的生产都是规模收益递增的，最终消费品生产企业规模收益递增来源于消费者对工业品的多样化偏好和对中间投入品的多样性需求。工业部门企业每生产一种单位产品，需要固定投入（即 F 单位的工业劳动力）和可变投入（每单位产出需要 a_m 单位的工业劳动力），因此，工业品企业的成本函数为 $w(F + a_m x)$，其中，x 为企业产出量，w 为工人的工资水平。所有工业品企业在生产领域都是垄断企业，面对不变弹性（σ）的需求曲线，但面对的市场是完全竞争市场，因而企业不能制定垄断价格，而是采取加成定价法，均衡时每个企业的利润为零。不存在范围经济和企业间的共谋行为，每种产品生产所需的固定成本、边际成本都一样。因此，潜在产品种类数量没有限制，任何一个企业都不会生产与其他企业完全相同的产品，这意味着一个企业生产一种产品，企业的数量等于产品的种类数。

（一）企业定价

根据工业品企业的成本函数，生产第 i 种差异化产品企业的利润函数为：

$$\pi_i = p_i x_i - w(F + a_m x) \tag{4-11}$$

其中，x_i 为第 i 种差异化产品的需求量，是企业进行利润最大化价格决策时面临的市场约束条件。因此企业面临的利润最大化问题，即：

$$max\ \pi_i = \max_{x_i} p_i x_i - w(F + a_m x)$$

$$s.\,t.\ x_i = \mu Y(p_i^{-\sigma}/P_M^{1-\sigma})$$

建立拉格朗日函数 $L = p_i x_i - w(F + a_m x) - \lambda[\mu Y(p_i^{-\sigma}/P_M^{1-\sigma}) - x_i]$，分别对 x_i 和 p_i 求导并令其为 0，可以得到 $p_i = wa_m/(1 - 1/\sigma)$。可以看出，产品价格与产品种类无关，所有差异化工业品的价格都一样，即：

$$p = wa_m/(1 - 1/\sigma) \tag{4-12}$$

产品价格中可变成本 wa_m 所占份额为 $1 - 1/\sigma$，固定成本 wF 所占份额为 $1/\sigma$。

（二）企业规模（企业产出量）

完全竞争市场条件下存在许多潜在进入企业，所以均衡时每个企业的经济利润为零，将式（4-12）代入式（4-11），并令 π_i 等于零，可以得到企业的均衡产出 $x_i = (\sigma - 1)F/a_m$。可以看出，每个企业在均衡时的产出量与产品种类无关，每个企业的产出量相同，即企业规模相同，即：

$$x = (\sigma - 1)F/a_m \tag{4-13}$$

四、工业部门劳动力的空间流动方程

在长期，工业部门劳动力的空间流动由区际实际工资差异决定。由于企业规模相同，每个企业雇佣的劳动力数量相同，因此工业部门劳动力的空间分布也就决定了工业部门的空间分布。均衡条件下不存在失业问题，各个区域拥有的劳动力数量与企业雇佣的劳动力数量一致。北部工业部门劳动力数量用 H 表示，南部工业部门劳动力数量用 H^* 表示，则工业部门劳动力总量 $H^w = H + H^*$，北部工业部门劳动力份额 $s_H = H/H^w$。工业部门劳动力的空间流动方程可以表示为：

$$\dot{s}_H = (\omega - \omega^*)s_H(1 - s_H) \qquad (4-14)$$

其中，ω 表示北部地区工业部门劳动力的实际工资；ω^* 表示南部地区的。长期均衡下，工业部门劳动力的空间分布不变，即 $\dot{s}_H = 0$。这意味着存在两类长期均衡：一是两个区域工业部门劳动力的实际工资相同；二是所有的工业企业都集中在一个区域。

五、短期均衡

短期均衡主要分析，流动要素（工业部门劳动力）空间分布给定情况下内生变量的决定问题。

（一）农业部门

农业部门是完全竞争部门，规模收益不变，农产品实行边际成本定价：

$$p_A = w_L a_A, \quad p_A^* = w_L^* a_A \qquad (4-15)$$

其中，p_A、p_A^* 分别表示北部和南部地区农产品价格；w_L、w_L^* 分别表示北部和南部地区劳动力工资。由于农产品区际贸易不存在交易成本，所以南北两个地区农产品价格相同，进而农业劳动力工资水平也相等。根据消费者对农产品的需求函数式（4-7），北部、南部消费者对农产品的需求函数可以分别表示为：

$$C_A = (1-\mu)E/P_A, \quad C_A^* = (1-\mu)E^*/P_A \qquad (4-16)$$

其中，E 和 E^* 分别表示北部和南部地区消费者的总支出（总收入）。整个经济系统可提供的农产品产出为 L^w/a_A，农产品市场出清条件为：

$$C_A + C_A^* = (1 - \mu)(E + E^*)/P_A = L^w/a_A \qquad (4-17)$$

（二）工业部门

（1）产品的价格。根据消费者对工业品的需求函数式（4-7），北部消费者对某种工业品的需求函数可以表示为：

$$c_i = \mu E(p_i^{-\sigma}/P_M^{1-\sigma}), \, E = wH + w_L L \qquad (4-18)$$

其中，E 表示北部消费者的总支出（总收入），即北部市场的购买力。所有差异化工业品价格相同，根据式（4-12），北部企业在北部市场和南部市场的出售价格分别为：

$$p = wa_m/(1 - 1/\sigma), \, p^* = \tau wa_m/(1 - 1/\sigma) \qquad (4-19)$$

南部企业在北部市场和南部市场的出售价格分别为：

$$\bar{p} = \tau w^* a_m/(1 - 1/\sigma), \, \bar{p}^* = w^* a_m/(1 - 1/\sigma) \qquad (4-20)$$

其中，τ 表示冰山交易成本；w 和 w^* 分别表示北部和南部工业部门劳动力的工资水平。

（2）企业规模。均衡时企业规模都相等，即：$x = (\sigma - 1)F/a_m$。企业规模与替代弹性、边际成本、固定成本有关，与交易成本无关。

（3）企业数量。代表性企业雇佣劳动力数量为 $F + a_m x = \sigma F$，如果用 H^w 表示某经济系统拥有的工业劳动力禀赋，该经济系统可以生产的工业产品种类数量就是 $n^w = H^w/\sigma F$，同时也是企业数量。因此，均衡时北部和南部的企业数量分别为：

$$n = H/\sigma F, n^* = H^*/\sigma F \qquad (4-21)$$

某一区域工业产品种类数量与该区域工业劳动力数量成正比，因此，工业劳动力转移就相当于企业转移。

（4）工业劳动力工资。因工业劳动力的工资水平无法直接给出，因而借助不同区域企业的收益水平间接给出工业劳动力的工资水平。以北部地区代表性企业为例，南部地区以类似的方式得出。北部代表性企业的总收益为：

$$R = px \qquad\qquad (4-22)$$

其中, x 表示企业的产出量; p 表示出厂价格。企业要实现这一收益必须满足市场出清条件, 生产的产品要在南北两个区域销售出去, 即: $px = pc + p^* c^*$, c 和 c^* 分别表示北部企业在北部市场和南部市场销售量。由于工业品在区域间交易存在冰山交易成本 τ, 所以当北部企业产品在南部销售量为 c^* 时, 实际供应量应为 τc^*, 故企业的总产量 $x = c + \tau c^*$。根据式 (4-19), $p^* = \tau p$。根据式 (4-18) 有:

$$c = \mu E (p^{-\sigma}/P_M^{1-\sigma}), c^* = \mu E^* (\tau p)^{-\sigma} / (P_M^*)^{1-\sigma}$$

根据式 (4-4) 有:

$$P_M = \left[\int_{i=0}^{n+n^*} p_i^{1-\sigma} di \right]^{1/1-\sigma}, \quad P_M = \left[\int_{i=0}^{n+n^*} (p_i^*)^{1-\sigma} di \right]^{1/1-\sigma}$$

故

$$R = pc + p^* c^* = \mu E \frac{p^{1-\sigma}}{\int_{i=0}^{n+n^*} p_i^{1-\sigma} di} + \mu E^* \frac{(\tau p)^{1-\sigma}}{\int_{i=0}^{n+n^*} (p_i^*)^{1-\sigma} di}$$

又因为:

$$\int_{i=0}^{n+n^*} p_i^{1-\sigma} di = np^{1-\sigma} + n^* \bar{p}^{1-\sigma} = \left(\frac{\sigma}{\sigma-1} a_m \right)^{1-\sigma} \left[nw^{1-\sigma} + n^* \phi (w^*)^{1-\sigma} \right],$$

$$\int_{i=0}^{n+n^*} (p_i^*)^{1-\sigma} di = n^* (\bar{p}^*)^{1-\sigma} + n (p^*)^{1-\sigma}$$

$$= \left(\frac{\sigma}{\sigma-1} a_m \right)^{1-\sigma} \left[n^* (w^*)^{1-\sigma} + n\phi w^{1-\sigma} \right]$$

所以有:

$$R = \frac{w^{1-\sigma} \mu E}{nw^{1-\sigma} + \phi n^* (w^*)^{1-\sigma}} + \frac{\phi w^{1-\sigma} \mu E^*}{\phi nw^{1-\sigma} + n^* (w^*)^{1-\sigma}}$$

其中, $\phi = \tau^{1-\sigma}$, 表示贸易自由度, 当 $\tau = 1$ 时, $\phi = 1$, 当 $\tau \to \infty$ 时, $\phi = 0$, $\phi \in [0,1]$。为了方便分析企业的空间分布, 将企业的收益水平用企业空间分布形式表示:

$$R = \mu w^{1-\sigma} \frac{E^w}{n^w} \left[\frac{s_E}{s_n w^{1-\sigma} + \phi (1-s_n) (w^*)^{1-\sigma}} + \frac{\phi(1-s_E)}{\phi s_n w^{1-\sigma} + (1-s_n) (w^*)^{1-\sigma}} \right]$$

$$(4-23)$$

同理:

$$R^* = \mu (w^*)^{1-\sigma} \frac{E^w}{n^w} \Big[\frac{1 - s_E}{(1 - s_n) (w^*)^{1-\sigma} + \phi s_n w^{1-\sigma}} + \frac{\phi s_E}{\phi(1 - s_n) (w^*)^{1-\sigma} + s_n w^{1-\sigma}} \Big]$$

$$(4 - 24)$$

其中，s_n 表示北部企业数量占总企业数量的份额，即 $s_n \equiv n/n^w$；s_E 表示北部地区支出占总支出的份额，即 $s_E = E/E^w$。

知道企业的总收益后，接下来讨论工业劳动力的工资水平问题。均衡条件下代表性企业雇佣的工业劳动力总量为 σF，零利润条件下，企业的全部收益用于支付工人的工资，工人工资总量为 σFw，所以 $R = \sigma Fw$，将式（4 - 23）代入可得：

$$w^\sigma = \frac{\mu E^w}{\sigma F n^w} \Big[\frac{s_E}{s_n w^{1-\sigma} + \phi(1 - s_n) (w^*)^{1-\sigma}} + \frac{\phi(1 - s_E)}{\phi s_n w^{1-\sigma} + (1 - s_n) (w^*)^{1-\sigma}} \Big]$$

$$(4 - 25)$$

同理：

$$(w^*)^\sigma = \frac{\mu E^w}{\sigma F n^w} \Big[\frac{1 - s_E}{(1 - s_n) (w^*)^{1-\sigma} + \phi s_n w^{1-\sigma}} + \frac{\phi s_E}{\phi(1 - s_n) (w^*)^{1-\sigma} + s_n w^{1-\sigma}} \Big]$$

$$(4 - 26)$$

从上述公式可以看出，短期均衡时工业部门劳动力名义工资的显性解无法得出。

（5）市场规模。北部地区的总支出（总收入）水平 $E = w_L L + wH = w_L s_L L^w + wH$，南部地区总支出（总收入）水平 $E^* = w_L L^* + w^* H^* = w_L(1 - s_L) L^w + w^* H^*$，上面两式相加，得 $E^w = w_L L^w + wH + w^* H^*$。又因为整个经济系统中工人的名义收入等于整个经济系统对工业品的支出，所以 $wH + w^* H^* = \mu E^w$，将此式代入 $E^w = w_L L^w + wH + w^* H^*$ 可得：

$$E^w = w_L L^w / 1 - \mu \qquad (4 - 27)$$

$$s_E = E/E^w = (1 - \mu)\Big(s_L + \frac{wH^w}{w_L L^w} s_H\Big) \qquad (4 - 28)$$

由上式可知，北部地区的相对市场规模是其农业劳动力与工业劳动力份额的加权平均，表明支出份额的转移与工业劳动力转移是紧密相连的，而工业劳动力的转移又与产业活动转移紧密联系在一起，因此任何影响产业活动转移的要素都影响北部地区的支出份额。

六、长期均衡下一体化对经济集聚的影响

短期均衡不考虑工业部门劳动力的流动，长期工业劳动力的空间分布 s_H 为状态变量，长期均衡就是分析在工业劳动力不流动时 s_H 处于何种状态的问题。本书重点关注不同贸易自由度水平（ϕ）下 s_H 处于何种状态，贸易自由度反映区域间的一体化程度，上述分析又表明工业劳动力转移相当于企业转移，因此这一问题也可以表述为一体化水平对经济集聚的影响。

（一）不同贸易自由度下工业劳动力的分布

式（4-14）表明存在两种类型的长期均衡：一是当 $\omega = \omega^*$ 时的内点解（也就是 $0 < s_H < 1$ 时的状态）；二是核心—边缘解（也就是当 $s_H = 0$ 或 $s_H = 1$ 时的集聚状态）。上述分析已经表明，无法用显函数形式表示满足长期均衡时的工资水平，即无法用 s_H 表示 w 和 w^*，因而也无法用 s_H 表示 w/P 和 w^*/P^*，因此借助数值模拟得到 s_H 与 $\omega - \omega^*$ 的关系。安虎森等（2009）模拟了相同 μ、σ，不同 τ（$\phi = \tau^{1-\sigma}$）值下 s_H 与 $\omega - \omega^*$ 关系的滚摆线图，分析大量模拟结果后得到不同贸易度水平下 s_H 与 $\omega - \omega^*$ 关系的示意图（见图4-1），横轴表示北部工业部门劳动力份额 s_H，纵轴表示北部和南部地区工人实际工资差异 $\omega - \omega^*$。

当贸易自由度水平较低，也就是一体化程度较低时，对称分布点（$s_H = 1/2$）为稳定均衡点，经济活动处于分散状态。贸易自由度较低时的滚摆线如图4-1实线所示，根据工业部门劳动力的空间流动方程式（4-14），存在 C、D、S 三个长期均衡点。在 S 点处，s_H 稍微提高就会导致两地实际工资差异变为负值，即北部地区实际工资低于南部地区，促使工业劳动力向南部转移，相反，s_H 降低的结果是北部实际工资高于南部，从而吸引劳动力向北部转移，劳动力移动可以实现自我调整，因此对称分布点 S 是稳定的均衡状态。在 C 点 s_H 稍微提高就会发生从南部向北部的劳动力流动，在 D 点 s_H 稍微降低就会发生从北部向南部的劳动力流动，因此 C 点和 D 点是不稳定的均衡状态，只要发生震动劳动力就会转移，而且会持续进行到经济系统达到稳定均衡状态（即 S 点）。

当贸易自由度水平较高，也就是一体化程度较高时，核心—边缘结构

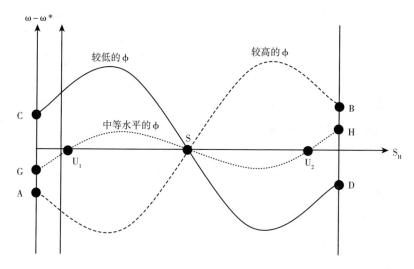

图 4 - 1　不同贸易自由度水平下 s_H 与 $\omega - \omega^*$ 关系的滚摆线图

资料来源：安虎森等编著. 新经济地理学原理（第二版）［M］. 北京：经济科学出版社，2009.

（$s_H = 0$ 或 $s_H = 1$）成为稳定均衡状态，经济活动处于集聚状态。贸易自由度较高时的滚摆线如图 4 - 1 破折线所示，根据工业部门劳动力的空间流动方程式（4 - 14），存在 A、B、S 三个长期均衡点。在 S 点，s_H 稍微提高实际工资差异就变为正值，进而导致劳动力向北部转移，直到所有工业劳动力都转移到北部地区（即 B 点）；s_H 稍微降低实际工资差异就会变为负值，进而导致劳动力向南部转移，直到所有工业劳动力都转移到南部地区（即 A 点）。因此，当贸易自由度较高，区域贸易充分自由时，劳动力移动趋势存在自我强化，这时对称结构是不稳定的，核心—边缘结构成为稳定的均衡状态。

　　当贸易自由度水平处于中间状态时，s_H 与 $\omega - \omega^*$ 关系的滚摆线图如图 4 - 1 点线所示，根据工业部门劳动力的空间流动方程式（4 - 14），存在 G、H、S、U_1、U_2 五个长期均衡点。根据上面的讨论，对称状态（S 点）、以北部为核心的状态（H 点）、以南部为核心的状态（G 点）都是稳定的均衡状态，U_1、U_2 是不稳定的均衡状态。

　　上述分析结果可以用"战斧图"来表示（见图 4 - 2），横轴表示贸易自由度 ϕ，纵轴表示北部工业部门劳动力份额 s_H，局部稳定的长期均衡用实线表示，局部不稳定的长期均衡用破折线表示。ϕ^B 为突破点，即在贸易自由度较低时，贸易自由度达到该点对称的分布模式被打破，$\phi^B = (1 - a\sigma)(1 - \mu)/(1 + a\sigma)(1 + \mu)$，为了保证 ϕ^B 的存在，必须有 $a\sigma < 1$，即"非黑洞条

件"。ϕ^S 为持续点,即在贸易自由度较高时,保持核心—边缘结构稳定的最小贸易自由度,其满足条件 $(\phi^S)^{a\sigma}[\phi^S(1+\mu)/2+(1-\mu)/2\phi^S]=1$,且 $\phi^S<\phi^B$。图 4 - 2 中 $0<\phi<\phi^S$ 部分对应图 4 - 1 贸易自由度较低的滚摆线,对称结构是稳定的均衡,核心—外围结构不稳定;$\phi^S<\phi<\phi^B$ 对应贸易自由度中等的滚摆线,存在五个均衡点,对称结构、核心—边缘结构都是稳定的,内部非对称均衡是不稳定的;$\phi^B<\phi<1$ 对应贸易自由度较高的滚摆线,核心—外围结构为稳定的均衡状态,对称结构不稳定;$\phi=1$ 时,贸易是完全自由的(无任何成本),区域间实际工资差异为零,根据工业部门劳动力的空间流动方程式(4 - 14),整条垂线都是长期均衡点,稳定的均衡点应该是劳动力最初的分布状态,即对称分布。

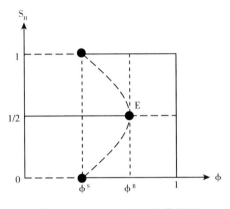

图 4 - 2　ϕ 与 s_H 关系的战斧图

资料来源:安虎森等编著. 新经济地理学原理(第二版) [M]. 北京:经济科学出版社,2009.

(二) 作用力分析

不同贸易自由度水平下,工业劳动力呈现不同的空间分布均衡状态,主要受三种作用力影响,一种力量促使经济发散,即"市场拥挤效应"或"本地竞争效应";两种力量促使经济集聚,即"市场接近效应"和"生活成本效应"。

市场拥挤效应,指不完全竞争性企业趋向于选择竞争者较少的区位。根据式(4 - 23)和式(4 - 24),在对称均衡下,一部分工业劳动力的向北部转移将扩大北部地区产品种类数量(n),减少南部的产品种类数量

（n^*），这种趋势提高了北部企业间争夺消费者的竞争，从而使得 R 降低（满足 $\phi < 1$ 的情况下）。为了保持收支平衡，北部企业将支付较低的名义工资，在其他条件不变的情况下，这种较低的名义工资使得北部比起南部缺乏吸引力，南部的工业劳动力不会向北部转移。

市场接近效应，也称为"本地市场效应"，指垄断企业选择市场规模较大的区位进行生产并向规模较小的市场区出售其产品的行为。根据式（4 – 23）、式（4 – 24）和式（4 – 28），当处于对称状态时，如果发生劳动力从南部到北部转移，因为劳动力通常把收入花费在工作地点，故 s_E 变大而 $1 - s_E$ 变小，这使得北部地区市场规模变大而南部市场规模变小。在存在交易成本且其他条件相同的情况下，任何企业都会选择市场规模大的区位进行生产，因此，人口转移导致"消费支出的转移"，消费支出的转移又导致"生产活动的转移"。上述过程是自我强化的，企业向北部转移，使得南部制造业部门的就业减少而北部的就业扩大，生产活动的转移将进一步刺激消费支出的转移，这种机制称为需求关联的循环累积因果关系，也叫"后向联系"机制。这里的关键是，如果工业部门的工资水平不变，那么北部生产的扩大必须要超过消费支出转移规模以便满足企业的零利润条件（这就是著名的克鲁格曼的区内市场效应）。

生活成本效应，也称为"价格指数效应"，指企业的集中对当地居民生活成本的影响。根据式（4 – 9）给出的完全价格指数定义、式（4 – 21）给出的工业劳动力（H）完全就业的条件、式（4 – 15）给出的人口移动方程，当处于对称状况时，从南部到北部的人口迁移，将扩大北部的工业劳动力数量（H）而减少南部的工业劳动力数量（H^*）。根据劳动力完全就业条件，这种人口转移将扩大北部生产的工业品种类数量（s_N）。由于本地生产的产品出售在本地市场无须支付交易成本，故在其他条件不变的情况下，产品种类的转移将降低北部的生活成本而提高南部的生活成本。这种机制是自我强化的，因为生活成本对价格指数的影响而言，北部生活成本的降低等价于提高北部的实际工资水平，南部生活成本的提高等于降低了南部的实际工资水平，这就进一步激励人口的转移，不断扩大北部在整个产品种类中所占的份额。这种机制我们称为成本关联的循环累积因果关系，也叫作"前向联系"机制。

随着贸易自由度的提高，集聚力与扩散力的作用强度都存在下降趋势，但下降的速度不同（见图4 – 3）。图4 – 3中横轴表示贸易自由度，纵轴表示作用力强度，曲线 A 代表集聚力的变化，曲线 D 代表分散力的变化，B 点为突破点。当贸易自由度小于突破点时，分散力大于集聚力，工业劳动力对称分布为稳定的均衡状态；随着贸易自由度的提高，分散力减弱的速度大于聚集力减弱的速度，在突破点 B 处（即 $\phi = \phi^B$）聚集力将超过分散力，经济活动开始发生集聚现象。

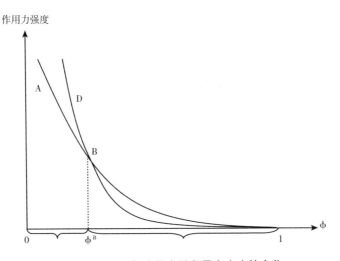

图 4 – 3　集聚力与分散力随贸易自由度的变化

资料来源：安虎森等编著. 新经济地理学原理（第二版）［M］. 北京：经济科学出版社，2009.

第二节　自由资本模型下一体化对经济集聚的影响

自由资本模型的基本结构与核心—边缘模型类似，主要有以下三点不同。第一，自由资本模型中包括资本和劳动力两种生产要素，资本可以流动而劳动力不可流动。流动要素（即资本）的所有收入全部返回到其所在地，也就是说，无论资本在哪里发挥作用，资本的收入最终消费在其原来的所在地。北部和南部的资本禀赋在总资本禀赋中所占份额分别用 s_K 和 s_K^* 表示，而生产中使用的资本份额分别用 s_n 和 s_n^* 表示。第二，自由资本模型假设企业生产的固定成本只包括资本，可变成本只包括劳动力，并且一个企业只使用一单位的资本作为固定成本，单位产出需要 a_m 单位的劳动（可变成本），因此，企业的成本函数为：$\pi + w_L a_m x$，π 和 w_L 分别为资本和劳动力的报酬，x 为企业的产出。第三，由于资本收益全部返回资本原来所在地，所以资本流动取决于两个区域名义收益率而非实际收益率的差异，区域间资本流动方程可以表示为：

$$s_n^* = (\pi - \pi^*)s_n(1 - s_n) \qquad (4-29)$$

一、工业部门的短期均衡

（一）产量

此处不再赘述与核心—边缘模型相同的论述过程。北部消费者对北部生产的第 j 种工业品需求量为：

$$c_j = \mu E(p_j^{-\sigma}/P_M^{1-\sigma}), \ E = \pi K + w_L L \qquad (4-30)$$

（二）产品价格

北部地区生产的产品在本地出售的价格是在南部出售的 $1/\tau$，具体为：

$$p = w_L a_m/(1 - 1/\sigma), \ p^* = \tau w_L a_m/(1 - 1/\sigma) \qquad (4-31)$$

由于区域间劳动力工资相等，故不同区域工业部门产品的出厂价格相等，消费者的购买价格只因交易成本不同而不同。

（三）资本收益

仍然考虑一个北部企业，该企业在北部市场的销售量为 c，销售价格为 p，在南部市场的销售量为 c^*，销售价格为 $p^* = \tau p$，总产出 $x = c + \tau c^*$。企业的销售收入为 $px = pc + p^* c^* = p(c + \tau c^*)$，垄断竞争下企业获得的超额利润为零，因此，销售收入等于生产成本，即 $px = \pi + w_L a_m x$，又因为 $p = w_L a_m/(1 - 1/\sigma)$，故 $\pi = px/\sigma$，将 $c = \mu E(p^{-\sigma}/P_M^{1-\sigma})$，$c^* = \mu E^*[(\tau p)^{-\sigma}/(P_M^*)^{1-\sigma}]$，$P_M^{1-\sigma} = \int_{i=0}^{n+n^*} p_i^{1-\sigma} di = n p^{1-\sigma} + n^*(\tau p)^{1-\sigma} = n^w p^{1-\sigma}[s_n + \phi(1 - s_n)]$，$(P_M^*)^{1-\sigma} = \int_{i=0}^{n+n^*} p_i^{1-\sigma} di = n(\tau p)^{1-\sigma} + n^* p^{1-\sigma} = n^w p^{1-\sigma}[\phi s_n + (1 - s_n)]$ 代入 $\pi = px/\sigma$，可得：

$$\pi = \frac{\mu}{\sigma} \frac{E^w}{K^w} \left[\frac{s_E}{s_n + \phi(1 - s_n)} + \frac{\phi(1 - s_E)}{\phi s_n + (1 - s_n)} \right] \qquad (4-32)$$

同理:

$$\pi^* = \frac{\mu}{\sigma} \frac{E^w}{K^w} \left[\frac{1 - s_E}{(1 - s_n) + \phi s_n} + \frac{\phi s_E}{\phi(1 - s_n) + s_n} \right] \qquad (4-33)$$

其中，s_E 表示北部地区支出占总支出的份额；$1 - s_E$ 表示南部地区支出所占份额；K^w 表示资本总量，因每个企业只使用一单位资本，故 $n^w = K^w$。

(四) 市场份额

因模型不考虑储蓄，因此，E^w 既是总支出也是总收入，整个经济系统的总收入等于不同地区资本要素的收入加上劳动力要素的收入，即:

$$E^w = w_L L^w + (n\pi + n^* \pi^*) = w_L L^w + n^w [s_n \pi + (1 - s_n) \pi^*]$$

将式 (4-32) 和式 (4-33) 代入，得:

$$E^w = w_L L^w + \frac{\mu}{\sigma} E^w \left[\begin{array}{l} \dfrac{s_n s_E}{s_n + \phi(1 - s_n)} + \dfrac{\phi s_n (1 - s_E)}{\phi s_n + (1 - s_n)} + \\[2ex] \dfrac{(1 - s_n)(1 - s_E)}{(1 - s_n) + \phi s_n} + \dfrac{\phi(1 - s_n) s_E}{\phi(1 - s_n) + s_n} \end{array} \right] = w_L L^w + \frac{\mu}{\sigma} E^w$$

因而有:

$$E^w = w_L L^w / (1 - \mu/\sigma) \qquad (4-34)$$

北部地区的总收入（总支出）也包括劳动收入和资本收益，劳动收入容易得到，即 $w_L s_L L^w$。现在考虑资本收益，由于两个区域的资本收益率不能不同，所以必须知道北部的资本禀赋 K 具体在哪一个区域使用。假设资本总量很大，则可以认为南北地区各自拥有的资本在世界的分布同总资本在世界的分布相同，即分布在北部和南部的资本一部分来自北部，一部分来自南部，因此，北部资本所有者拥有的资本禀赋中，s_n 部分在北部使用（资本收益为 $\pi s_n K$），$1 - s_n$ 部分在南部使用（资本收益为 $\pi^* (1 - s_n) K$），北部资本所有者拥有的资本禀赋获得的资本总收益为: $\pi s_n K + \pi^* (1 - s_n) K = K(\mu/\sigma)(E^w/K^w)$，北部地区总收入（总支出）为: $E = w_L s_L L^w + K(\mu/\sigma)(E^w/K^w)$，其份额为:

$$s_E = E/E^w = (1 - \mu/\sigma) s_L + (\mu/\sigma) s_K, \quad s_L = L/L^w, \quad s_K = K/K^w$$

$$(4-35)$$

式（4-35）是 EE 曲线的表达式，从中可以看出，第一，收入的空间分布（市场份额）与区域拥有的劳动力和资本分布有关，而与资本具体在哪一区域使用无关，即收入的空间分布与企业的空间分布无关；第二，收入的空间分布是劳动力空间分布和资本所有者空间分布的加权平均值，μ/σ 较大时，收入的空间分布主要由资本所有者的空间分布决定，μ/σ 较小时，则主要取决于劳动力的空间分布；第三，当两个区域对称分布即 $s_L = s_K = s_E = 1/2$ 时，EE 曲线变成一条垂直于横轴的直线。

（五）企业规模

根据式（4-31）和 $\pi = px/\sigma$，可直接得出均衡企业规模 $x = (\sigma - 1)\pi/w_L a_m$。当资本价格 π 相对于劳动力价格 w_L 变得更加昂贵时，企业必须增加产出来弥补固定成本，企业规模随着资本收益率与劳动力报酬率之比的变大而变大。长期均衡下，资本的流动性可以保证 π/w_L 在区域间相等，且 π 和 w_L 都不随交易成本和产业空间分布变化而变化，企业规模在各个区域都相等。

二、对称条件下一体化对经济集聚的影响

根据资本流动方程 $s_n^{\cdot} = (\pi - \pi^*)s_n(1 - s_n)$，在长期可能产生两种情况下的均衡，即没有资本流动的状态，一是两个区域资本收益率相同，即 $\pi = \pi^*$；二是所有资本流向一个区域，此时 $s_n = 1$ 或 $s_n = 0$。根据式（4-32）和式（4-33），满足 $\pi = \pi^*$ 时 s_n 与 s_E 有如下关系：

$$s_n = \frac{1}{2} + \frac{(1+\phi)}{(1-\phi)}\left(s_E - \frac{1}{2}\right) \qquad (4-36)$$

式（4-36）是 nn 曲线的表达式，反映资本使用的空间分布或企业空间分布 s_n 随支出空间分布 s_E 的变化情况，也就是说，长期均衡条件下，区域使用资本的份额与收入份额的关系必须满足上式。因 $0 \leqslant s_n \leqslant 1$，所以 $\phi/(1+\phi) \leqslant s_E \leqslant 1/(1+\phi)$。将式（4-35）代入式（4-36），可以得到长期均衡条件下资本使用的空间分布：

$$s_n = \frac{1}{2} + \frac{(1+\phi)}{(1-\phi)}\left[(1-b)\left(s_L - \frac{1}{2}\right) + b\left(s_K - \frac{1}{2}\right)\right] \qquad (4-37)$$

在自由资本模型中，区域间劳动禀赋和资本禀赋分布一旦确定，就可以通过式（4-35）得到支出份额的空间分布，进而通过式（4-37）得到资本使用的空间分布。

下面通过对称条件下 s_E 与 s_n 关系的剪刀图（见图 4-4），重点分析贸易自由度（一体化）对资本使用的空间分布（企业的空间分布）的影响。稳定的长期均衡由 EE 曲线和 nn 曲线的交点决定。EE 曲线表示的是式（4-35），由短期均衡状态点组成，当劳动禀赋和资本禀赋在区域间对称分布（$s_L = s_K = 1/2$）时，$s_E = 1/2$，EE 曲线为图中经过 A 点的垂线。nn 曲线表示的是式（4-36），始终经过对称均衡点 A，其斜率 $(1 + \phi)/(1 - \phi)$ 随贸易自由度 ϕ 的变化而变化，贸易自由度 ϕ 越大，$(1 + \phi)/(1 - \phi)$ 越大，nn 曲线越陡峭。nn 曲线的斜率总大于 1，因此 s_E 的变化会导致 s_n 更大比例的变化，即"本地市场放大效应"，但这种效应在 A 点没有。nn 曲线上 $\pi = \pi^*$，偏离 nn 曲线就存在资本流动的动力，在 nn 曲线右下方的各点 $\pi > \pi^*$，存在资本向北流动的趋势，推动北部资本份额上升；在 nn 曲线左上方的各点 $\pi < \pi^*$，存在资本向南流动的趋势，推动南部资本份额上升，如图 4-4 中 EE 曲线上箭头所示。因此，在初始资源禀赋对称分布条件下，只要 $\phi \neq 1$，企业对称分布是长期稳定的均衡状态，贸易自由度 ϕ 的变化不改变企业的空间分布；$\phi = 1$ 时，贸易完全自由，nn 曲线旋转至与 EE 曲线重合，任何形式的空间分布都是稳定的，企业的区位选择是任意的。

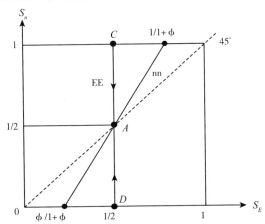

图 4-4　对称条件下 s_E 与 s_n 关系的剪刀图

资料来源：安虎森等编著. 新经济地理学原理（第二版）[M]. 北京：经济科学出版社，2009.

三、非对称条件下一体化对经济集聚的影响

（一）市场规模非对称

假定要素禀赋对称条件下北部地区市场规模较大，即 $s_L = s_K = s'_E > 1/2$，图 4 - 5 中的 E′E′曲线、nn 曲线与之相对应，仍然存在单一的长期稳定均衡点（B 点），因为 nn 曲线的斜率总大于 1，所以 $s'_n > s'_E > 1/2$。在市场份额给定的情况下，贸易自由度的变化影响企业的空间分布。当贸易自由度为 ϕ 时，E′E′曲线和 nn 曲线的交点 B 对应的 s_n 代表企业长期均衡下的空间分布，贸易自由度增加到 ϕ' 时，nn 曲线旋转到 n′n′曲线，E′E′曲线和 n′n′曲线的交点 B′对应的 s'_n 代表企业的空间分布，显然企业分布向北发生了转移。当贸易自由度进一步扩大至 $(1 - s_E')/s'_E$ 时，式（4 - 36）表达的 $s_n(s'_E) = 1$，这时所有的企业都集中北部，核心—边缘结构为长期稳定的均衡。因此，当市场规模非对称分布时，经济活动在市场规模较大地区集聚，并且随着贸易自由度的提高即区域间一体化程度上升，经济活动进一步向市场规模份额较大区域聚集。

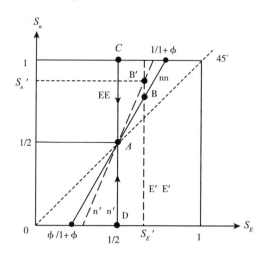

图 4 - 5　非对称条件下 s_E 与 s_n 关系的剪刀图

资料来源：安虎森等编著. 新经济地理学原理（第二版）[M]. 北京：经济科学出版社，2009.

（二）要素禀赋非对称

要素禀赋不对称指两区域资本禀赋与劳动力禀赋的比值不相等，用符号表示为 $K/L \neq K^*/L^*$ 或 $s_L \neq s_K$。这种情况下资本流动方向取决于 $s_n - s_K$ 的符号，差值为正，表明北部地区使用的资本比拥有的多，是资本输入区，差值为负，则为资本输出区。上述分析表明，当 $s_L = s_K = s_E' > 1/2$ 时北部地区是资本输入区，这种结果是本地市场效应作用下产生的。如果在上述基础上使 s_K 变大一些，即北部不仅市场规模较大而且资本禀赋也相对更丰富时 $(s_K > s_E' > 1/2)$，北部资本的相对丰富将倾向于抵消本地市场效应。根据式 (4 - 36) 可知：

$$s_n - s_K = \frac{1}{2} + \frac{(1 + \phi)}{(1 - \phi)}\left(s_E - \frac{1}{2}\right) - s_K = \frac{2\phi}{(1 - \phi)}\left(s_E - \frac{1}{2}\right) + (s_E - s_K)$$

$$(4 - 38)$$

该式表明，如果北部的资本禀赋相对充裕（上式第二项为负），即使存在本地市场效应（上式第一项为正），北部也可能是一个资本输出区。但是，当交易成本足够低时（第一项足够大），本地市场效应起主导作用，尽管北部初始的资本禀赋相当丰富，但仍进一步输入资本。换句话说，当交易成本较高时，商品市场没有很好地融合而资本市场融合时，资本就会从其充裕地区流向贫乏地区。

第三节　对外开放条件下一体化对经济集聚的影响

上述关于一体化对经济集聚影响的分析，无论是核心—边缘模型还是自由资本模型，都只考虑了一国内部区域间一体化程度变化对集聚的影响，没有考虑对外开放的因素。本部分将核心—边缘模型基础上分析对外开放条件下一体化对经济集聚的影响。

一、基本假设

此处仅描述与核心—边缘模型不同的假设。假设整个世界由三个地区组成，地区 1 和地区 2 组成一个国家，地区 0 为另一个国家，即国外。地区 1

和地区 2 有农业和制造业两个部门，地区 0 只有制造业部门。各部门只使用劳动力一种生产要素，劳动力可以在地区 1 和地区 2 之间自由流动，但不能在地区 1（或 2）与地区 0 之间跨国流动。农产品跨区域流动而且无交易成本，制造业产品在地区 1（或 2）内部可以自由流动，但跨国或跨地区流动时遵循萨缪尔森的冰山交易成本。

二、工业部门的短期均衡

假设地区 1 和地区 2 代表性消费者的效用函数为 $U = (C_M + \gamma)^\mu C_A^{1-\mu}$，$\gamma$ 意味着工业品为非必需品，当实际购买力很低的时候，所有的支出都用于农产品。在相应的约束条件下，消费者效用最大化时对农产品和工业品的需求函数分别为：

$$C_M = [\mu Y - (1-\mu)P_M\gamma]/P_M, \quad C_A = (1-\mu)(Y + P_M\gamma)/P_A$$
$$(4-39)$$

消费者用在工业品上的支出份额 $\varphi = P_M C_M/Y = \mu - (1-\mu)\dfrac{\gamma}{Y/P_M}$，用在农业品上的支出份额则为 $1 - \varphi = (1-\mu)(1 + \dfrac{\gamma}{Y/P_M})$。当 $\gamma = 0$ 时，消费者的效用函数为普通的柯布—道格拉斯函数，在工业品和农业品上的支出份额为固定不变的 μ 和 $(1-\mu)$。由于地区 0 只有工业品的生产和需求，所以 $\varphi_0 = 1$。生产者行为与核心—边缘模型下生产者行为相同，工业品企业的成本函数为 $w(F + a_m x)$，所有差异化工业品的价格都一样，即 $p = wa_m/(1 - 1/\sigma)$，企业的规模都相同，有 $x = (\sigma - 1)F/a_m$。

在上述消费者和生产者行为下，短期均衡时，各地区的收入简化为工资和劳动投入量的乘积，即：

$$Y_0 = w_0 L_0, \quad Y_1 = w_1 L_1, \quad Y_2 = w_2 L_2 \qquad (4-40)$$

则地区 s 的区域价格指数可以表示为：

$$P_s = \left(\sum_{r=0,1,2} n_r P_r^{1-\sigma} \tau_{sr}^{1-\sigma}\right)^{1/1-\sigma} = \left(\sum_{r=0,1,2} L_{M,r} w_r^{1-\sigma} \tau_{sr}^{1-\sigma}\right)^{1/1-\sigma}$$
$$(4-41)$$

其中，n_r 表示 r 地区差异性产品数量，也是企业数量；P_r 和 w_r 分别表示 r 地区的产品价格和工人工资，τ_{sr} 表示工业品在地区 s 和地区 r 间流动的交易成本。不同地区的区域价格指数分别为：

$$P_0 = (L_0 w_0^{1-\sigma} + L_{M,1} w_1^{1-\sigma} \tau_{01}^{1-\sigma} + L_{M,2} w_2^{1-\sigma} \tau_{02}^{1-\sigma})^{1/1-\sigma}, \qquad (4-41a)$$

$$P_1 = (L_0 w_0^{1-\sigma} \tau_{01}^{1-\sigma} + L_{M,1} w_1^{1-\sigma} + L_{M,2} w_2^{1-\sigma} \tau_{12}^{1-\sigma})^{1/1-\sigma}, \qquad (4-41b)$$

$$P_2 = (L_0 w_0^{1-\sigma} \tau_{02}^{1-\sigma} + L_{M,1} w_1^{1-\sigma} \tau_{12}^{1-\sigma} + L_{M,2} w_2^{1-\sigma})^{1/1-\sigma} \qquad (4-41c)$$

由于地区 0 没有农业部门，所以劳动力都在工业部门就业，即 $L_{M,0} = L_0$。每个地区的产品需求都来自三个地区，如地区 1 的产品需求包括：来自本地区的需求 $d_{11} = \varphi_1 Y_1 (w_1^{-\sigma}/P_1^{1-\sigma})$，来自地区 0 的需求 $d_{10} = \varphi_0 Y_0 [(w_1 \tau_{01})^{-\sigma}/P_0^{1-\sigma}]$，来自地区 2 的需求 $d_{12} = \varphi_2 Y_2 [(w_1 \tau_{12})^{-\sigma}/P_2^{1-\sigma}]$。由于冰山交易成本的存在，要满足 s 地区 1 单位的需求，必须在 r 地区生产 τ_{sr} 单位的产品。经过单位变换后，单个厂商的供给量为 1，于是产品市场的均衡条件可表示为：$d_{11} + \tau_{01} d_{10} + \tau_{12} d_{12} = 1$，从而可得名义工资的表达式为：

$$w_s = \Big(\sum_{r=0,1,2} \varphi_r Y_r P_r^{\sigma-1} \tau_{rs}^{1-\sigma}\Big)^{1/\sigma} \qquad (4-42)$$

具体每个地区的名义工资为：

$$w_0 = (Y_0 P_0^{\sigma-1} + \varphi_1 Y_1 P_1^{\sigma-1} \tau_{01}^{1-\sigma} + \varphi_2 Y_2 P_2^{\sigma-1} \tau_{02}^{1-\sigma})^{1/\sigma}, \qquad (4-42a)$$

$$w_1 = (Y_0 P_0^{\sigma-1} \tau_{01}^{1-\sigma} + \varphi_1 Y_1 P_1^{\sigma-1} + \varphi_2 Y_2 P_2^{\sigma-1} \tau_{12}^{1-\sigma})^{1/\sigma}, \qquad (4-42b)$$

$$w_2 = (Y_0 P_0^{\sigma-1} \tau_{02}^{1-\sigma} + \varphi_1 Y_1 P_1^{\sigma-1} \tau_{12}^{1-\sigma} + \varphi_2 Y_2 P_2^{\sigma-1})^{1/\sigma} \qquad (4-42c)$$

地区 1 和地区 1 劳动力的实际工资为：

$$\omega_1 = [(1-\varphi_1) w_1]^{1-\mu} [\varphi_1 w_1/P_1 + \gamma]^\mu \qquad (4-43)$$

$$\omega_2 = [(1-\varphi_2) w_2]^{1-\mu} [\varphi_2 w_2/P_2 + \gamma]^\mu \qquad (4-44)$$

三、对外贸易自由度对经济集聚的影响

对外贸易自由度用工业品在地区 1（或 2）和地区 0 之间流动的交易成本 τ_{01}（或 τ_{02}）衡量，τ_{01} 和 τ_{02} 的下降意味着贸易自由化程度加深，即国际市场一体化水平提高。具体分国内地理位置对称和不对称两种情况分别讨论，地理位置对称意味着地区 1 和地区 2 在对外贸易中不存在相对优势，即 $\tau_{01} = \tau_{02}$；地理位置非对称情况下，假设地区 1 邻近地区 0，具有对外贸易上的优势，即 $\tau_{01} < \tau_{02}$（黄玖立，2009）。

（一）地理位置对称条件下一体化对经济集聚的影响

假设工业品跨国流动的交易成本包括天然的运输成本 τ_{0N}（ = 1.3）和以关税形式表示的政策性外部成本 Tariff。同样借助数值模拟的方法，黄玖立（2009）模拟了 $\mu = 0.55$、$\sigma = 7$、$\gamma = 1/4$、$\tau_{12} = 1.67$ 时，三种政策性关税（Tariff = 0.8、0.45 和 0.3）情形下 s_{L_1} 与 ω_1/ω_2 的关系，横轴表示地区 1 工业部门劳动力份额 s_{L_1}，纵轴表示地区 1 和地区 2 的实际工资之比 ω_1/ω_2（见图 4 - 6）。需要指出的是 s_{L_1} 的取值范围为 [0.25，0.75]，而非整个 [0，1] 区间，这是因为 s_{L_1} 较小时农业部门工资率很高，会出现制造业部门就业为负的不合理现象。

从图 4 - 6 中可以看出，贸易自由度较低时（Tariff = 0.8，图中实线），无论初始分布如何，劳动力在地区 1 和地区 2 对称分布是唯一稳定的长期均衡。假设一个有利于地区 1 的外生冲击使得 s_{L_1} > 0.5，则地区 1 的实际工资将低于地区 2 的实际工资（ω_1/ω_2 < 1），工业劳动力便会向地区 2 转移直至 s_{L_1} = 0.5。随着贸易自由度的提高（Tariff = 0.45，图中虚线），对外贸易成本下降，劳动力分布出现三个长期稳定均衡，即 s_{L_1} = 0.25、0.5 和 0.75。假设初始分布为对称分布，如果外来冲击较小，冲击过后劳动力将自动恢复到原来的对称分布；如果外来冲击足够大，从而使得 s_{L_1} 下降到 a 点左边或上升到 b 点右边，则 s_{L_1} 将在实际工资差异作用下继续下降或继续上升，劳动力分布形成稳定的核心—边缘结构。这意味着在贸易自由化的初期，国内产业分布特征取决于产业的初始分布状态，如果初始分布极不均衡，则贸易自由化有可能进一步恶化而不是改善这种情形。随着贸易自由度进一步提高（Tariff = 0.3，图中破折线），对称分布变为不稳定的均衡状态，任何微小的外生冲击均会使得这种差异进一步扩大并形成稳定的核心—边缘分布。由于地区 1 和地区 2 的地理位置完全对称，哪个地区最终成为核心区域取决于外生冲击的偏向。

均衡结果之所以会随着关税的变化发生上述变化，是因为国外地区的存在使得封闭经济下国内地区之间的前后向联系被削弱了。地区 0 通过作为国外厂商的供给和作为国内市场的需求两方面因素影响国内地区的产业分布（Crozet and Soubeyran，2004）：第一，由于国外市场的存在，厂商面对冲击迁入国内其他市场的动机减弱，即国内"市场接近效应"降低了；第二，国外厂商及其生产的差异产品的存在，消费者面对冲击迁入其他地区的动机也减弱了，即国内"生活成本效应"降低了；第三，国外厂商还降低了国内厂

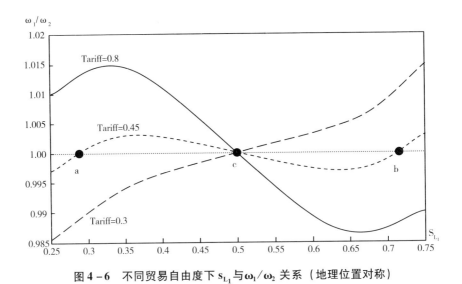

图 4 - 6　不同贸易自由度下 s_{L_1} 与 ω_1/ω_2 关系（地理位置对称）

资料来源：黄玠立. 对外贸易、地理优势与中国的地区差异［M］. 北京：中国经济出版社，2009.

商之间的竞争程度，即降低了"市场竞争效应"。

　　当贸易自由度水平给定时，随着国内地区间交易成本 τ_{12} 的变化，工业劳动力分布的长期稳定均衡状态会发生变化。假设初始产业分布为对称均衡状态，随着 τ_{12} 变小，对称均衡将变为核心—边缘均衡状态，我们把促使这种均衡状态发生转变的 τ_{12} 称为突破点。相反，如果初始为核心—边缘分布，随着 τ_{12} 变大，核心—边缘结构将变为对称结构，促使这种转变的 τ_{12} 为持续点。图 4 - 7 模拟了劳动力初始空间分布为核心—边缘结构（$s_{L_1} = 0.75$，$s_{L_2} = 0.25$），不同贸易自由度（Tariff = 0.8、0.45 和 0.3）情形下持续点的变化。横轴表示工业品在国内跨地区流动的交易成本，纵轴表示地区 1 和地区 2 的实际工资之比。当贸易自由度较低时（Tariff = 0.8，图中实线），只要 τ_{12} 小于图中 a 点对应的 τ_{12} 值，国内的产业分布就保持初始的核心—边缘结构；一旦 τ_{12} 大于 a 点对应的 τ_{12} 值，则 $\omega_1/\omega_2 < 1$，这时地区 1 的实际工资低于地区 2，将促使劳动力向地区 2 转移，直至形成稳定的对称分布。所以 a 点是 Tariff = 0.8 时初始核心—边缘结构的持续点。从图 4 - 7 中可以看出，随着 Tariff 从 0.8 减小到 0.3，持续点从 a 不断向右移动到了 c，也就是说随着贸易自由化的深入，保持产业分布为核心—边缘结构的 τ_{12} 变大。这是因为对外贸易自由化降低了国内产业分布的扩散力，提高了集聚力，从而使得产业分布格局的稳定性减弱。同样，如果国内产业分布初始状态为对称均衡，随着贸

易自由度的提高，促使产业分布由对称均衡转变为核心—边缘均衡的突破点也将变大，即当对外一体化程度较高时，即使国内地区间一体化程度较低也会发生经济集聚现象。

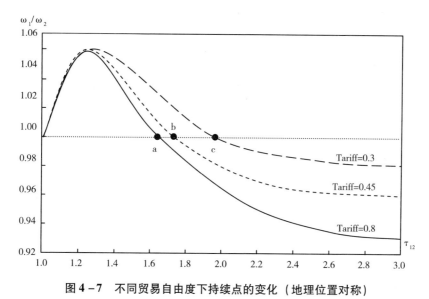

图 4 – 7 不同贸易自由度下持续点的变化（地理位置对称）

资料来源：黄玖立 . 对外贸易、地理优势与中国的地区差异［M］. 北京：中国经济出版社，2009.

（二）地理位置非对称条件下一体化对经济集聚的影响

地理位置非对称，指工业品在地区 1 和地区 0 间流动的交易成本与在地区 2 和地区 0 间流动的交易成本不相等。地区 1 和地区 0 间的交易成本可以表示为 $\tau_{01} = \tau_{01N} + \text{Tariff}$，同样 $\tau_{02} = \tau_{02N} + \text{Tariff}$，假设 $\tau_{01N} < \tau_{02N}$，具体地 $\tau_{01N} = 1.2$，$\tau_{02N} = 1.4$，其他参数与对称条件下相同，三种政策性关税（Tariff = 1.0、0.65 和 0.25）情形下 s_{L_1} 与 ω_1/ω_2 关系的模拟结果如图 4 – 8 所示。当贸易自由度较低时（Tariff = 1.0，图中实线），国内劳动力空间分布的长期稳定均衡点为 a，长期稳定均衡状态下，具有地理优势的地区 1 的劳动力份额略大于 1/2；随着贸易自由度的提高（Tariff = 0.65，图中虚线），劳动力分布的长期稳定均衡点由 a 向右移动到 b 点，均衡时地区 1 的劳动力份额提高，这表明地区 1 的地理优势在贸易自由度提高时得到了强化，但还不足以诱发以地区 1 为核心的核心—边缘结构产生；贸易自由度进一步提高时（Tariff = 0.25，图中破折线），两地实际工资相等的点向左移动到 c 点，但 c

点是不稳定的均衡状态，只要地区 1 初始的劳动力份额高于 c 点对应的劳动力份额，地区 1 的实际工资就高于地区 2，就会产生促使劳动力向地区 1 转移的动力，直至 $s_{L_1} = 0.75$。这意味着，即使国内产业的初始空间分布不利于地区 1，但只要 s_{L_1} 处于 c 点右边，则在对外贸易中天然的地理优势就会使得地区 1 在累积循环作用下成为国内经济活动的核心地区。相反，由于对外贸易中的相对地理劣势，即使在初始时刻地区 2 拥有全国大部分就业和产业，其初始优势也将随着贸易自由化的深入迅速消失并"外围化"。只有当初始条件过于偏向地区 2，即初始分布位于 c 点左边的时候，地区 2 的初始优势地位才会随着贸易自由化的深入而得到巩固。

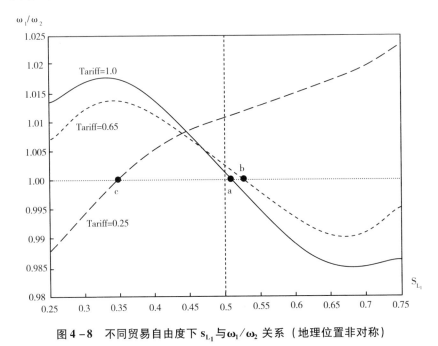

图 4 - 8　不同贸易自由度下 s_{L_1} 与 ω_1/ω_2 关系（地理位置非对称）

资料来源：黄玖立. 对外贸易、地理优势与中国的地区差异［M］. 北京：中国经济出版社，2009.

　　均衡结果之所以会随着对外贸易自由度的变化发生上述变化，是因为在地理位置非对称情形下，作为国外的地区 0 对国内各地区的影响是不同的（Crozet and Soubeyran，2004）。从需求的角度看，$\tau_{01N} < \tau_{02N}$ 从而 $\tau_{01} < \tau_{02}$，根据式（4 - 42b）和式（4 - 42c）意味着地区 1 拥有更大的国外市场，进而产生较强的市场接近效应。从供给的角度看，$\tau_{01} < \tau_{02}$，根据式（4 - 41b）和式（4 - 41c）意味着地区 1 的区域价格指数小于地区 2，进而

产生较强的生活成本效应。也就是说，在贸易自由化过程中，具有地理优势的地区 1 拥有比地区 2 更强的集聚力，当然也存在由市场拥挤效应或本地竞争效应产生的扩散力，国内劳动力的空间均衡分布取决于集聚力与扩散力的相对大小。

四、国内区域一体化对经济集聚的影响

同上述相同的假设条件和相似的短期均衡下，吴三忙和李善同（2011）模拟了地理位置对称条件下对外开放水平较高时国内开放水平对经济活动集聚的影响，具体为工业品跨国流动的交易成本 $\tau_{01} = \tau_{02} = 1.6$，国内跨地区流动交易成本 τ_{12} 分别为 2.3、1.75 和 1.1。模拟结果显示，当国内一体化水平非常低时（ $\tau_{12} = 2.3$ ），工业品在国内跨地区流动的交易成本明显大于跨国流动交易成本，工业劳动力空间分布呈核心—边缘结构时为长期稳定均衡状态。因此，当对内开放水平较低而对外开放水平较高时，经济活动是可能形成集聚的，至于在地区 1 还是地区 2 集聚，关键取决于哪个地区率先实施对外开放。当国内一体化达到中等程度时（ $\tau_{12} = 1.75$ ），工业品在国内跨地区流动的交易成本基本和跨国流动交易成本相等，此时工业劳动力对称分布与核心—边缘分布均是长期稳定均衡的，最终的分布状态取决于前期的均衡水平。当国内一体化水平非常高时（ $\tau_{12} = 1.1$ ），工业品在国内跨地区流动的交易成本小于跨国流动交易成本，劳动力对称分布为稳定均衡状态。分析过程表明，对外开放水平较高的前提下，无论劳动力初始分布状态如何，都会随着国内一体化水平的提高经历先核心—边缘结构后对称结构的转变，即经济活动经历先集聚后扩散的现象。

第四节 本章小结[①]

本章系统分析了在一个国家内部核心—边缘模型、自由资本模型下，国内区域一体化对经济集聚的影响，以及对外开放条件下对外贸易自由度与国

---

① 本章分析中提到的企业、劳动力以及资本的分布与流动，本质上都反映经济活动的空间布局及其变动情况，只是不同模型中表述方式有所不同。

内区域一体化对经济集聚的影响。

　　在一国内部，核心—边缘模型下，贸易自由度较低时，对称结构是稳定的均衡，核心—外围结构不稳定；贸易自由度中等时，对称结构、核心—边缘结构都是稳定的均衡状态；贸易自由度较高时，核心—外围结构为稳定的均衡状态，对称结构不稳定；贸易完全自由时，任何结构都是稳定均衡的。自由资本模型下，当初始资源禀赋对称分布时，只要贸易自由度不为1，企业对称分布就是长期稳定的均衡状态，贸易自由度变化不改变企业的空间分布；贸易自由度为1时，任何形式的空间分布都是稳定的，企业的区位选择也是任意的。当市场规模非对称分布时，经济活动在市场规模较大地区集聚，并且随着贸易自由度的提高即区域间一体化程度上升，经济活动进一步向市场规模份额较大区域聚集。要素禀赋非对称情况下，当交易成本足够低时，本地市场效应起主导作用，资本禀赋地区仍会有资本进一步输入；当交易成本较高时，资本会从其充裕地区流向贫乏地区。

　　对外开放且地理位置对称条件下，对外贸易自由度较低时，对称分布是唯一稳定的长期均衡；随着贸易自由度的提高，对外贸易成本下降，劳动力分布出现三个长期稳定均衡，假设初始分布为对称分布，如果外来冲击较小，冲击过后劳动力将自动恢复到原来的对称分布，如果外来冲击足够大，劳动力分布形成稳定的核心—边缘结构；随着贸易自由度进一步提高，对称分布变为不稳定的均衡状态，任何微小的外生冲击均会使得这种差异进一步扩大并形成稳定的核心—边缘分布。地理位置非对称条件下，当贸易自由度较低时，长期稳定均衡状态下，具有地理优势地区的劳动力份额略大；随着贸易自由度的提高，地理优势会得到强化，但还不足以形成以具有优势地区为核心的核心—边缘结构；贸易自由度进一步提高时出现不稳定的均衡点，只要具有优势地区初始的劳动力份额高于不稳定均衡点对应的劳动力份额，地理优势就会使得该地区在累积循环作用下成为国内经济活动的核心地区。对外开放水平较高且地理位置对称条件下，无论劳动力初始分布状态如何，都会随着国内一体化水平的提高经历先核心—边缘结构后对称结构的转变，即经济活动经历先集聚后扩散的现象。

第五章 一体化与经济集聚：实证分析

新经济地理理论及相关学者的理论研究均表明，封闭条件下一个国家内部核心—边缘模型、自由资本模型中，国内区域一体化对经济集聚产生影响，对外开放条件下对外贸易自由度与国内区域一体化也对经济集聚产生影响，且这种影响并非是单调的。本章在分析影响经济集聚因素的基础上构建了计量模型，运用中国的数据对一体化影响经济集聚的理论假说进行实证检验。

第一节 影响经济集聚的因素分析

大量文献从理论上分析了中国经济集聚形成和发展的原因，具有代表性的如金煜和陈钊等（2006）在同一个理论框架下分析了经济地理、新经济地理和经济政策对工业集聚的影响；何雄浪和李国平等（2007）基于区域效应、集聚效应和空间成本的视角探讨中国产业集聚原因；贺灿飞和朱彦刚等（2010）从产业特性、区域特性以及两者的共同作用揭示中国制造业集聚的形成机制；贺灿飞和潘锋华（2011）强调中国转型经济的制度环境下，市场化、全球化和地方分权对制造业集聚和分散具有显著影响；盛龙和陆根尧（2013）从市场需求、运输费用、知识外溢和制度环境四个方面探寻中国生产性服务业集聚的影响因素。通过对现有文献的总结发现，影响中国经济集聚的因素大致可以分为三类：一是传统区位理论、贸易理论下影响经济集聚的因素；二是新贸易理论和新经济地理理论下影响经济集聚的因素；三是经济政策作用下影响经济集聚的因素。

传统区位理论和贸易理论强调自然资源、劳动力、技术等外生资源禀赋对产业区位的影响（贺灿飞、谢秀珍等，2008），认为产业集聚的主要原因是区域间地理环境与位置、要素禀赋等存在差异，产业集聚发生在具有比较优势的地区（Ohlin，1957）。例如，自然资源丰富的地方以及大港口附近通常会成为工业集聚的中心地区（金煜、陈钊等，2006）；农产品投入较多的产业较分散，金属矿物投入较多的产业则较为集中（贺灿飞、潘锋华等，2007）；劳动密集度和产业集聚程度显著负相关，传统的劳动力等比较优势是导致中国制造业集聚程度下降的重要因素（王业强、魏后凯，2007）；资源禀赋、交通运输条件是影响产业集聚尤其是资源密集型产业分布的重要因素（路江涌、陶志刚，2007；贺灿飞、朱彦刚等，2010）。部分学者将这些不可移动生产要素对经济活动集聚的影响称为区域效应，新经济地理文献中通常把产生区域效应的因素带给区域的优势称为"第一"优势。在上述传统理论视角下，产业的空间秩序是先天形成的，所观察到的产业空间形式是确定的空间经济问题的唯一"解"（何雄浪、李国平等，2007）。但是传统的理论不能解释两个重要的经济现象（金煜、陈钊等，2006）：第一，某些地方在纯自然条件方面并不具有优势却成为工业集聚中心；第二，两个自然条件非常相近的地方在工业集聚方面却有非常不同的表现。

新贸易理论引入规模报酬递增、垄断竞争市场等因素，认为规模经济和市场规模效应导致经济活动集聚。新经济地理理论特别强调金钱外部性的作用，其理论模型将经济活动区位完全内生化，产业集聚取决于交通成本与规模经济的相互作用，核心思想是：偶然的历史事件导致产业在某个地方集聚并形成一定优势，这种优势一旦产生，就会通过集聚效应（市场接近效应和生活成本效应）进一步促进产业的区域集聚。由于经济力量的收益递增作用，在地区间交易成本没有大到足以分割市场的条件下，就可能导致工业的集聚。新贸易理论和新经济地理理论框架下，主要包括以下四个影响经济活动集聚的因素：一是区域内企业的数量，企业的数量越多，新进入企业就越容易得到原材料的供给，同时他们生产的产品也更容易在当地销售，所以产业会在企业数量多的地方集聚；二是区域内的人力资本，人力资本水平高，新进入企业就容易招聘到所需要的人才，同时高人力资本意味着 R & D 成本低，企业容易获得创新收益（金煜、陈钊等，2006）；三是区域内市场规模，在市场需求大的地区，企业可以通过规模效应降低生产成本，并且能减少与客户之间的运输和交易费用，同时企业集聚也导致了消费者工资的上升，市场规模进一步提高；四是空间成本，即广义的交易成本，空间成本的大小与区域间交通运输条件、通信设施以及各种各样的贸易壁垒有关（何雄浪、李国平等，2007）。当空间成本很高时，企业倾向于在各地分散布局，随着空间成本下降，企业从经济集聚中获得的收益超过地区间贸易产生的成本时，集聚就会产生，并在收益递增的作用下自我加强。需要指出的是，新经济地理理论没有否定传统经济地理因素的重要性（金煜、陈钊等，2006）。事实上，一些地理因素的影响在新经济地理理论中变成了间接影响，成为产业集聚的原始动力，这种纯经济地理因素导致初始的产业集聚，然后再通过新经济地理因素的收益递增影响，进一步强化集聚现象。

传统的区位理论、新贸易理论和新经济地理理论是理解中国的产业集聚的重要视角，但中国转型经济的特殊环境下，产业集聚依赖的市场机制条件不完善，制度和政策因素对产业空间分布起关键作用（贺灿飞、潘锋华，2011）。中国的经济转型可以概括为市场化、全球化以及分权化过程（He et al. ,2008），首先，由于改革开放具有时间和空间的渐进性，导致不同地区的市场化程度存在显著差异，进而影响不同地区的产业空间集聚；其次，全球化过程中参与国际贸易与引进外商直接投资的区域差异，提升了处在对外开放前沿地区的比较优势和竞争优势，促进产业向这些地区集聚；最后，随着经济决策权和财政权下放，极大地提升了地方政府的自主决策能力，触发了激烈的区域竞争，地方政府具有强烈的地方保护主义倾向和产业发展战略的模仿行为，在一定程度上导致重复建设、产业结构趋同和产业分散布局。经济政策对产业集聚的影响既可能是通过经济地理因素间接发挥作用，也可能是直接对产业集聚产生影响（金煜、陈钊，2006）。例如，经济开放政策是珠三角经济集聚的重要原因，而实施该政策又是因为珠三角距离香港地区非常近，因此，经济开放政策是通过经济地理因素对工业集聚产生作用的。而浙江省的经济集聚则与该省的市场化改革较为彻底直接相关。

总的来讲，任何单一因素都不能完全解释现实世界中的经济集聚现象。在市场经济条件下，自然优势和集聚经济能够很好地解释产业集聚，但在市场经济不健全的条件下，制度安排和产业政策也对产业集聚产生影响（贺灿飞、谢秀珍等，2008）。

第二节　计量模型的设定

本书将重点分析市场一体化对经济集聚的影响，既包括国际市场一体化，也包括国内市场一体化。根据本书研究目的和现有文献提出的影响中国经济活动集聚的因素，建立如下解释经济活动集聚的面板数据计量模型：

$$agglo_{it} = \alpha_0 + \beta_1\, trade_{i(t-1)} + \beta_2\, integ_{i(t-1)} + \lambda X_{i(t-1)} + dD_i + u_{it}$$

其中，下标 i 表示地区，下标 t 表示年份，$aggl_{it}$ 表示经济集聚程度，$trade_{i(t-1)}$ 表示国际市场一体化程度，$integ_{i(t-1)}$ 表示国内市场一体化程度，$X_{i(t-1)}$ 和 D_i 是为了使本书结论更为稳健引入的若干控制变量和虚拟变量，a_i 表示不随时间变化且无法观测到的地区个体效应，u_{it} 表示随机误差项，其他希腊字母表示常数项和变量的系数。为了减缓由联立内生性（即被解释变量与解释变量存在相互影响）导致的估计偏误，对随时间变化的影响因素均作了滞后一期的处理。样本覆盖了 1999 ~ 2015 年全国 31 个省、自治区和直辖市的相关数据，被解释变量和解释变量的原始数据源自《新中国六十年统计资料汇编》、相应年份的《中国统计年鉴》以及各省份的统计年鉴。

第三节　指标的度量和数据说明

一、被解释变量

agglo：经济活动集聚程度。参照文玫（2004）度量工业集聚程度的方法，采用各省份地区生产总值占全国的比重衡量经济活动集聚程度，某地区生产总值占全国的比重上升，说明在该地区发生了经济集聚现象。经济活动集聚主要发生在第二产业和第三产业中，考虑到第二产业和第三产业的集聚程度有所不同，以及影响两者集聚的因素也存在差别，将两者放在一起分析效果不佳，所以分别用第二产业和第三产业所占比重来衡量某地的经济集聚程度。

二、核心解释变量

trade：国际市场一体化程度。采用各地区货物进出口总额占全国的比重衡量，比重越高表明该地区经济开放程度高，国际市场一体化程度也越高，预期这一变量与经济集聚程度正相关。考虑到国际市场一体化对经济活动集聚的影响可能是非线性的，也构造了这一变量的二次项。

integ：国内市场一体化程度。该指标基于"价格法"计算，主要衡量国内产品市场的一体化程度，计算过程详见第三章。预期这一变量与经济集聚程度正相关。同样，为了考察其非线性影响，也构造了其二次项。未将要素市场一体化程度纳入模型主要是因为，商品市场一体化与要素市场一体化紧密相关，当要素流动存在障碍时，若商品能够自由流动，商品的价格会趋同；而当商品流动存在障碍的时候，只要要素能够自由流动，商品的价格最终也将趋同，所以商品价格信息所反映的市场整合程度能够综合地反映要素和商品市场的整合程度（桂琦寒、陈敏等，2006；陈红霞、李国平，2009）。另外，赵金丽和张学波等（2017）关于劳动力市场一体化影响因素的实证分析也表明，商品市场一体化对劳动力市场的一体化的促进作用是显著的。如果将两者同时纳入模型会产生共线性问题。

三、控制变量

road：交通运输条件。采用各地区的公路里程①与其面积之比衡量，该值越大表明交通运输条件越好，越有利于经济活动集聚，因此，预期其对经济集聚的影响为正。

sdz：国家级开发区数量。国家级开发区包括经济技术开发区、高新技术产业开发区、保税区、边境经济合作区和出口加工区，各地区国家级开发区数量指当年拥有的各类开发区数量总和。开发区反映各省区对于产业发展的财政、税收、土地政策支持力度，国家开发区政策更为优惠，自主权更大，更有利于产业的发展，对产业省区分布的影响最为显著（贺灿飞、朱彦刚等，2010）。开发区变量实质上反映产业政策和区域政策对经济活动的导向作用，预期其与经济集聚程度正相关。

state：国有企业比重。采用各地区规模以上国有控股企业资产占规模以上工业企业资产比重衡量。国有企业主导的省区，市场化程度和参与经济全球化程度相对较低，垄断性产业居于主导地位，产业发展环境欠佳，不利于经济活动集聚（贺灿飞、谢秀珍等，2008），预期这一变量对经济集聚程度的影响为负。

pergdp：市场规模。其计算方法是各地区人均地区生产总值与全国人均地区生产总值的比值，该值越大表明区域内市场规模越大，预期市场规模与

---

① 之所以没有用铁路数据，是因为可得的铁路数据明显存在原因不明的异常波动。

经济集聚程度正相关。

firm：企业数量。该变量的计算方法是各地区全部国有及规模以上非国有企业数量与全国数量的比值①，预期其与经济集聚程度正相关。

area：本省与邻省的平均面积。这个变量表示本省与邻省的平均地理距离，借鉴陈敏和桂琦寒等（2007）的计算方法，area = 本省面积 + 邻省总面积/邻省个数。在运输条件形同或类似的情况下，空间距离越远，产品的运输成本、信息传递成本及交易成本越高，预期这一变量与经济集聚程度负相关。

coast：沿海地区虚拟变量。沿海地区无论自然地理和历史条件，还是改革开放政策都优于中西部地区，中部和西部地区的差异并不显著，因此只使用了沿海地区虚拟变量，预期该虚拟变量对沿海地区经济集聚的影响为正。

city：直辖市虚拟变量。直辖市的功能与一般省区相比有明显不同，它们更多承担着政治中心或服务业中心的功能，预期该虚拟变量对以第二产业衡量的经济集聚程度影响为负。

影响经济集聚的解释变量及其度量指标如表 5 - 1 所示。

表 5 - 1 　　　　　　　　　　**影响经济集聚的解释变量及其度量指标**

	解释变量	英文缩写	度量指标	预期符号
关键解释变量	国际市场一体化	trade	各地区货物进出口总额/全国货物进出口总额	+
	国内市场一体化	Integ	基于"价格法"计算的国内商品市场一体化	+
控制变量	交通运输条件	road	各地区公路里程/各地区面积	+
	国家级开发区数量	sdz	各地区各类国家级开发区数量之和	−
	国有企业比重	state	各地区规模以上国有控股企业资产/各地区规模以上工业企业资产	−
	市场规模	pergdp	各地区人均 GDP/全国人均 GDP	+
	企业数量	firm	各地区全部国有及规模以上非国有企业数量/全国全部国有及规模以上非国有企业数量	+
	本省与邻省的平均面积	area	本省面积 + 邻省总面积/邻省个数	−
	沿海地区	coast	辽宁、河北、北京、天津、山东、江苏、福建、浙江、上海、广东、海南、广西	+
	直辖市	city	北京、天津、上海、重庆	−

---

① 分析用第三产业衡量的经济集聚程度时，该指标计算方法为各地区限额以上批发业企业数量与全国数量的比值。

上述解释变量中，虚拟变量沿海地区和直辖市用来解释不同地区的自然地理条件、要素禀赋不同，代表传统区位理论和贸易理论下影响经济活动集聚的因素；交通运输条件、本省与邻省的平均面积、国内市场一体化、市场规模、企业数量代表新经济地理理论下影响经济活动集聚的因素，交通运输条件、本省与邻省的平均面积、国内市场一体化用来说明不同地区空间成本不同，市场规模和企业数量用来说明集聚效应不同；国际市场一体化、国家级开发区数量与国有企业比重则是由中国转型时期特有的经济政策引起的区域差异，这些差异也将对经济活动的地区集聚产生影响。分析过程中还尝试用实际利用各地区外商直接投资占全国的比重反映国际市场一体化程度，用城镇化率反映各地区市场规模，用各省市专利申请授权量占全国的比重反映区域内人力资本，但因实际利用外商投资比重与货物进出口总额比重高度相关、城镇化率与人均地区生产总值高度相关而没有使用这两个变量，各省市专利申请授权量比重因估计结果不显著也没有被纳入模型。

表 5 - 2 列示了主要变量的相关性检验结果，绝大部分解释变量与被解释变量的相关性与预期一致，绝大部分解释变量之间的相关系数低于 0.7。进一步考察了解释变量的方差膨胀因子（VIF），其取值均低于 10，表明方程不存在严重的共线性问题[①]（见表 5 - 3）。

第四节　计量结果及分析

一、第二产业衡量经济集聚的计量结果及分析

表 5 - 4 中，方程（1）的 Hausman 检验结果支持固定效应模型。考虑到可能存在异方差和截面相关问题，分别对方程（1）进行了 Robust 稳健性估计（见表 5 - 4 第 2 列）和 Drisc/Kraay 稳健性估计（见表 5 - 4 第 3 列），其中 Robust 稳健性估计仅解决了异方差问题，Drisc/Kraay 稳健性估计同时解决了异方差和截面相关问题，两者估计的系数完全相同，但后者的显著性水平更高一些。估计结果与预期一致，国际市场一体化水平与国内市场一体化水平对经济集聚程度的影响为正，并且在至少 5% 的水平上显著。国际市场一

---

① 根据经验法则，如果最大的方差膨胀因子小于等于 10，则表明不存在多重共线性问题。

表 5－2

主要变量的相关系数矩阵

	agglo	trade	integ	state	pergdp	road	firm	sdz	area	coast	city
agglo	1.0000	0.8701*	0.1374*	-0.5393*	0.5372*	0.4826*	0.6349*	0.7207*	-0.4604*	0.5990*	0.1033
trade	0.7144*	1.0000	-0.0133	-0.4402*	0.5645*	0.3891*	0.7525*	0.6024*	-0.3191*	0.5662*	0.1999*
integ	0.1374*	-0.0133	1.0000	-0.2922*	-0.1576*	0.2276*	-0.0065	0.3369*	-0.0792	-0.0233	-0.2735*
state	-0.5782*	-0.4402*	-0.2922*	1.0000	-0.3068*	-0.6031*	-0.4925*	-0.6337*	0.4302*	-0.5083*	-0.0069
pergdp	0.3450*	0.5645*	-0.1576*	-0.3068*	1.0000	0.4947*	0.6362*	0.3273*	-0.3798*	0.6393*	0.6905*
road	0.3883*	0.3891*	0.2276*	-0.6031*	0.4947*	1.0000	0.4941*	0.5055*	-0.6245*	0.3945*	0.4772*
firm	0.6289*	0.7269*	0.0968	-0.6181*	0.3947*	0.4095*	1.0000	0.6456*	-0.4320*	0.6172*	0.2439*
sdz	0.7273*	0.6103*	0.3429*	-0.6195*	0.3333*	0.5033*	0.7589*	1.0000	-0.2577*	0.4753*	-0.0874
area	-0.4048*	-0.3191*	-0.0792	0.4302*	-0.3798*	-0.6245*	-0.4205*	-0.2516*	1.0000	-0.5007*	-0.3242*
coast	0.5197*	0.5662*	-0.0233	-0.5083*	0.6393*	0.3945*	0.5612*	0.4833*	-0.5007*	1.0000	0.2868*
city	-0.1137	0.1999*	-0.2735*	-0.0069	0.6905*	0.4772*	-0.0798	-0.0778	-0.3242*	0.2868*	1.0000

注：（1）＊表示 1% 水平上显著；（2）下三角内为第三产业衡量经济集聚时主要变量的相关分析结果，上三角内为第二产业衡量经济集聚时主要变量的相关分析结果。

表 5 – 3   主要解释变量的膨胀因子

第二产业衡量经济集聚			第三产业衡量经济集聚		
Variable	VIF	1/VIF	Variable	VIF	1/VIF
firm	4.81	0.208057	pergdp	4.37	0.229005
city	4.17	0.239613	road	4.01	0.249129
pergdp	4.09	0.244381	city	3.80	0.263058
road	4.04	0.247513	firm	3.55	0.281889
sdz	3.9	0.25648	sdz	3.36	0.297537
trade	2.76	0.36177	coast	2.64	0.378723
coast	2.67	0.374627	trade	2.62	0.381436
state	2.58	0.387658	state	2.49	0.402212
area	2.37	0.422235	area	2.12	0.472013
integ	1.52	0.656079	integ	1.43	0.697263
Mean VIF	3.29		Mean VIF	3.04	

体化水平对经济集聚的影响程度较国内市场一体化大，国际市场一体化水平上升一个百分点，经济集聚程度上升 0.0671 个百分点；国内市场一体化水平上升一个单位，经济集聚程度仅上升 0.0023 个百分点。其他控制变量的估计结果基本与预期效果一致，由于采用的是固定效应模型，未能得到不随时间变化的虚拟变量估计系数。LR 检验表明方程（1）存在明显的时间固定效应，加入年份的时间固定效应后再次对方程（1）进行了 Robust 稳健性估计（见表 5 – 4 第 4列），国际市场一体化与国内市场一体化对经济集聚的影响仍然为正，只是估计系数略微降低。为了进一步检验市场一体化是否对经济集聚有非线性影响，在方程（1）的基础上依次分别加入了市场一体化指标的平方项，无论是国际市场一体化还是国内市场一体化均未出现一次项显著为正、平方项显著为负的结果，说明研究时段市场一体化对经济集聚的影响是线性的，市场一体化水平进一步提高仍然会促进经济集聚程度上升，同时也意味着，中国目前的市场一体化水平有所提高但依然偏低，还未达到可以改变现有集聚格局的水平。

在方程（1）中引入国际市场一体化与国内市场一体化的交互项得到方程（2），分析两者对经济集聚的共同影响，Hausman 检验结果仍然支持固定效应模型。同样，考虑到可能存在异方差和截面相关问题，分别对方程（2）进行了 Robust 稳健性估计（见表 5 – 4 第 5 列）和 Drisc/Kraay 稳健性估计（见表 5 – 4 第 6 列）。估计结果显示，国际市场一体化与国内市场一体化的系数仍然显著为正，且与不加交互项时相比有所提高；交互项的系数显著为负，表明在影响经济集聚方面，国际市场一体化与国内市场一体化之间是相互替代的关系，即国内市场一体化对经济集聚的促进作用会随着国际市场一体化水平的提高而减弱，或者说国际市场一体化水平较高的地区，国内市场一体化水平对经济集聚的促进作用相对较弱。由于交互项的系数很小，所以国际市场一体化与国内市场一体化之间的替代作用也是很小的。LR 检验表明方程（2）也存在明显的时间固定效应，加入年份的时间固定效应后再次进行了Robust稳健性估计（见表5-4第7列），估计结果没有发生太大变化。

表5-4　　　　经济集聚程度（以第二产业衡量）的决定因素估计

解释变量	被解释变量			agglo		
	(1)			(2)		
	fe_rb	fe_scc	fe_t_rb	fe_rb	fe_scc	fe_t_rb
trade	0.0671 ** (0.0295)	0.0671 *** (0.0159)	0.0651 ** (0.0250)	0.0684 *** (0.0243)	0.0684 *** (0.0124)	0.0658 ** (0.0225)
integ	0.0023 *** (0.0007)	0.0023 *** (0.0006)	0.0018 * (0.0009)	0.0031 *** (0.0010)	0.0031 *** (0.0007)	0.0025 ** (0.0011)
trade integ				-0.0003 ** (0.0001)	-0.0003 ** (0.0002)	-0.0003 ** (0.0001)
road	-0.0000 (0.0000)	-0.0000 (0.0000)	-0.0000 (0.0000)	-0.0000 (0.0000)	-0.0000 (0.0000)	-0.0000 (0.0000)
sdz	-0.037 *** (0.0084)	-0.037 *** (0.0058)	-0.045 *** (0.0094)	-0.031 *** (0.0084)	-0.031 *** (0.0059)	-0.039 *** (0.0099)
state	-0.0052 ** (0.0025)	-0.0052 ** (0.0016)	-0.0120 ** (0.0050)	-0.0048 (0.0024)	-0.0048 ** (0.0017)	-0.0116 ** (0.0049)
pergdp	1.5001 *** (0.2613)	1.5001 *** (0.1534)	1.4844 *** (0.2477)	1.4518 *** (0.2611)	1.4518 *** (0.1485)	1.4446 *** (0.2462)
firm	0.0188 * (0.0401)	0.0188 * (0.0297)	0.0119 * (0.0386)	0.0148 * (0.0385)	0.0148 * (0.0292)	0.0079 * (0.0378)
cons	1.7222 *** (0.4014)	0.0000 (.)	2.3788 *** (0.5522)	1.7464 *** (0.3836)	0.0000 (.)	2.3793 *** (0.5296)
Within R²	0.5167	0.5167	0.5469	0.5277	0.5277	0.5532
F 检验值	14.70		23.66	16.51		48.65
Hausman 检验 (P 值)	428.08 (0.0000)			192.28 (0.0000)		
观察值	496	496	496	496	496	496

注：（1）括号中数值为标准差；（2） *、**、*** 分别表示在10%、5%和1%水平上显著；（3）Hausman 检验的零假说是固定效应和随机效应的估计系数，没有系统性差异。

二、第三产业衡量经济集聚的计量结果及分析

表5-5中，方程（3）的 Hausman 检验结果支持固定效应模型。考虑到可能存在异方差和截面相关问题，分别对方程（3）进行了 Robust 稳健性估计（见表5-5第2列）和 Drisc/Kraay 稳健性估计（见表5-5第3列）。估计结果与第二产业衡量的经济集聚有所不同，国际市场一体化水平对经济集聚程度的影响同样显著为正，而国内市场一体化水平对经济集聚的影响则显著为负，且国际一体化水平对第三产业衡量的经济集聚的影响程度高于以第二产业衡量的经济集聚。国内市场 LR 检验表明方程（3）不存在明显的时间固定效应。在方程（3）中依次加入了市场一体化指标的平方项，估计结果表明，市场一体化对经济集聚不存在非线性影响。国内市场一体化对以第三产业衡量的经济集聚影响为负，可能与第三产业的产业特性有关。第三产业包括分配性服务业、消费性服务业、生产性服务业和社会公共服务业[①]，其中生产性服务业与工业发展密切相关，具有与工业相似的在全国范围内集聚发展的特点；其他服务业产品因生产和消费同时进行，往往需要生产者与消费者相互靠近，更适合在一定区域范围内的大城市中集聚发展（陆铭，2010）。从各省（区、市）1999~2015 年第三产业比重变化趋势也可以看出，除江苏、山东外其他省（区、市）第三产业比重均保持基本稳定，甚至有小幅度下降趋势（见图5-1）。

在方程（3）中引入国际市场一体化与国内市场一体化的交互项得到方程（4），分析两者对经济集聚的共同影响，Hausman 检验结果仍然支持固定效应模型。同样，考虑到可能存在异方差和截面相关问题，分别对方程（2）进行了 Robust 稳健性估计（见表5-5第4列）和 Drisc/Kraay 稳健性估计（见表5-5第5列）。估计结果显示，国际市场一体化与国内市场一体化的影响与方程（3）一致，国际市场一体化的影响略微提高，而国内市场一体化的影响略微降低；交互项的系数仅在 Drisc/Kraay 稳健性估计下显著为负，显著性水平为10%，且系数很小，表明两者的替代效应并不明显。LR 检验表明方程（4）也不存在明显的时间固定效应。

---

① 分配性服务业包括交通运输、仓储和邮政业；消费性服务业包括住宿和餐饮业，居民服务和其他服务业，文化、体育和娱乐业；生产性服务业包括信息传输、计算机服务和软件业，金融业，房地产业，租赁和商业服务业，科学研究、技术服务和地质勘查业；社会公共服务业，包括水利、环境和公共设施管理业，教育、卫生、社会保障和社会福利业，公共管理和社会组织。

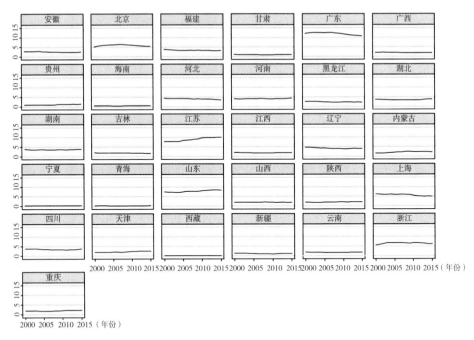

图 5 – 1　中国各省（区、市）1999 ~ 2015 年第三产业比重变化趋势

表 5 – 5　　　　　经济集聚程度（以第三产业衡量）的决定因素估计

解释变量	被解释变量		agglo	
	（3）		（4）	
	fe_rb	fe_scc	fe_rb	fe_scc
trade	0.1031 ***	0.1031 ***	0.1033 ***	0.1033 ***
	(0.0129)	(0.0203)	(0.0115)	(0.0181)
integ	− 0.0015 **	− 0.0015 ***	− 0.0012 *	− 0.0012 ***
	(0.0006)	(0.0003)	(0.0006)	(0.0003)
trade integ			− 0.0001	− 0.0001 *
			(0.0001)	(0.0001)
sdz	0.0260 *	0.0260 ***	0.0284 *	0.0284 ***
	(0.0141)	(0.0038)	(0.0147)	(0.0044)
state	− 0.0021	− 0.0021 ***	− 0.0024	− 0.0024 ***
	(0.0015)	(0.0006)	(0.0015)	(0.0006)
pergdp	0.6987 ***	0.6987 ***	0.6745 ***	0.6745 ***
	(0.0992)	(0.0791)	(0.0983)	(0.0892)
firm	0.0510 **	0.0510 ***	0.0529 **	0.0529 ***
	(0.0241)	(0.0141)	(0.0230)	(0.0137)
cons	1.7788 ***	0.0000	1.7774 ***	0.0000
	(0.2032)	(.)	(0.2030)	(.)

续表

	被解释变量		agglo	
解释变量	(3)		(4)	
	fe_rb	fe_scc	fe_rb	fe_scc
Within R^2	0.5679	0.5679	0.5277	0.5277
F 检验值	22.83		26.32	
观察值	496	496	496	496

注：（1）括号中数值为标准差；（2）＊、＊＊、＊＊＊分别表示在 10%、5% 和 1% 水平上显著。

第五节　本章小结

本章在分析影响经济集聚因素的基础上，利用中国 31 个省（区、市）1999～2015 年的面板数据，采用固定效应模型考察了国际市场一体化、国内市场一体化以及两者共同作用对经济集聚的影响效应。实证结果表明以下三点。第一，以第二产业衡量经济集聚时，国际市场一体化水平与国内市场一体化水平对经济集聚程度的影响均为正，且前者对经济集聚的影响程度较国内市场一体化大；两者交互项系数为负，表明国际市场一体化与国内市场一体化在共同影响经济集聚方面存在相互替代效应。第二，以第三产业衡量经济集聚时，国际市场一体化水平对经济集聚程度的影响仍然显著为正，而国内市场一体化水平对经济集聚的影响则显著为负，且国际一体化水平对第三产业衡量的经济集聚的影响程度高于以第二产业衡量的经济集聚；两者交互项系数为负，但显著性水平较低，表明它们共同作用经济集聚的替代效应也不明显。第三，无论以第二产业还是第三产业衡量经济集聚，均未出现国际市场一体化或国内市场一体化对经济集聚的非线性影响。

从实证结果中可得到以下两点启示。首先，中国国内市场一体化程度还处于较低水平。新经济地理理论表明，贸易一体化（广义运输成本）对经济活动空间分布的影响是非线性的，即当一体化水平达到一定程度时，经济活动由集聚转向扩散发展。但目前，中国国内市场一体化对经济集聚的影响还没有出现这种趋势，说明国内市场一体化水平较低，同时经济集聚程度也处于较低水平。因此，如果政府出于缩小地区差距考虑，通过行政手段控制经济活动进一步集聚，虽然短时间内可以缩小差距但却损失了经济集聚带来的效率提高，最终将不利于地区差距缩小。其次，研究时段内，国际市场一体化对经济集聚的影响程度较大，这与中国改革开放以来强调对外开放甚于对内开放有关。今后，为了很好地促进经济集聚发展，应统筹兼顾促进对外开放和加速国内市场一体化进程，特别是长期实行出口导向型增长模式的东部沿海地区，在面临日益加大的外部市场约束和风险的情况下，需更多地转向开发潜力广阔的国内市场以维持经济的稳定和可持续增长。这就要求继续深化市场一体化的改革进程，打破地方行政保护和垄断，消除市场分割，降低物流等交易成本，寻求建立统一的国内大市场。

第六章　经济集聚与区域发展空间格局

从区域发展空间与区域发展空间格局的概念可以看出，区域发展空间是各种经济社会要素的载体，是一种客观存在；区域发展空间格局是对存在于区域发展空间中各种要素及其关系的进一步描述，其中最重要的一点是对经济社会要素相互作用形成的空间集聚程度和集聚形态的描述。由此可见，理解经济集聚与区域发展空间之间的关系，最重要的是要理解经济集聚与区域发展空间格局之间的关系。

第一节　区域发展空间格局的基础："点—轴系统" 理论

1984 年，陆大道提出"点—轴系统"理论模型和"T"字形战略（即中国国土开发与经济布局重点置于沿海地带和沿长江地带）。"点—轴系统"理论和"T"字形结构的提出，与当时国内外发展环境相关，有着深刻的区域发展背景（陆大道，2002）：从国外环境看，20 世纪 70 年代末期国外许多发达国家开始大规模向发展中国家转移资本和相对落后的产业，而中国沿海地区正好具有承接国际资本和产业转移的各种优势条件；从国内环境看，中西部地区经济落后、交通和通信等基础设施基础薄弱，而沿海地区经过长期的经济发展积累了一定基础，再加上其独特的区位优势，理应成为国家经济发展的重心。因此，通过发展壮大沿海地区多个中心城市（点），并通过轴带建设将其连接成经济带，既可以充分发挥沿海地区聚集经济的效应，又可以通过沿海地区带动中西部经济快速发展。

"点—轴系统"理论以克里斯塔勒的中心地理论、佩鲁的增长极理论和松巴特的生长轴理论为科学基础（吴传清、孙智君等，2007）。中心地理论关于空间集聚和空间扩散规律的思想是"点—轴系统"理论的主要基石。增长极理论是"点—轴系统"理论中"点"的思想源泉。增长极理论主要用来指导区域经济的非均衡发展战略，该理论认为经济增长不会同时出现在各个地区，而是会首先出现在某个点上，而且不同地区经济增长的强度也不相同，最先实现经济增长的地区会通过各种渠道向周边地区扩散经济，也就是说增长极会对整个区域的经济发展产生不同程度的影响。增长极是一个地区经济发展的核心，不同发展阶段对外围地区产生两种相反的作用力，即"极化"效应和"扩散"效应，通常在发展初期极化效应大于扩散效应，随着增长极经济实力不断增强，逐渐产生对周围地区的辐射能力。"点—轴系统"理论中"点"的形成以"增长极"理论为基础，实际上就是由增长极理论中的"增长极"转化来的；"点—轴系统"理论中"轴"的形成来源于生长轴理论（周茂权，1992）。生长轴理论认为，连接区域内主要中心城市的交通干线最先形成，交通干线一旦形成，其沿线及周围地区就成为吸引经济集聚发展最具有优势的区域，交通干线通过吸引人口和产业集聚便形成了生长轴。"点—轴系统"理论认为"轴"在促进经济集聚的过程中发挥重要的作用和功能，并将其进一步演化为"发展轴"或"开发轴"。

"点—轴系统"理论认为，在区域经济发展过程中，大部分社会经济要素在"点"上集聚，并由线状基础设施联系在一起形成的"轴"（陆大道，1995）。"点"指各级中心城市，是各级区域的集聚点；"轴"指在一定方向上连接各种等级城市的线状基础设施（包括交通、通讯干线，能源、水源通道等），也是相对密集的人口和产业聚集带。"点"和"轴"对周围地区经济发展产生很强的极化效应和扩散效应。"点—轴系统"理论顺应了经济发展及其客体必须在空间上集聚成点、发挥集聚效果的客观要求，使各级中心城市的作用得以充分发挥，并且通过线状基础设施实现经济活动的合理布局和城市之间、区域之间、城乡之间的便捷联系，另外，还将国家与地区发展战略较好地结合起来，提高了资本运作效益和管理组织水平，因此"点—轴系统"理论可以使区域经济得到最佳发展（陆大道，2001）。随着区域社会经济发展，"点—轴"结构必然进一步发展到"点—轴—集聚区"结构，"集聚区"也是点，是规模和对外作用力更大的"点"。在"点—轴系统"理论基础上，魏后凯（1990）进一步提出了网络开发模式。网络开发模式以"点—轴系统"理论为基础，吸收了增长极理论中某些有益思想，是一种较系统的区域经济开发模式。该模式的基本思想是，某一地区的开发都是先从一些"点"开始，各点之间的经济联系及其相互作用使经济活动沿着各种"轴"

在空间上延伸，轴线的经纬交织进而形成经济网络。网络开发模式还强调，处于不同发展阶段或不同类型区域应采取不同的开发方式和空间组织形式，落后地区宜采取增长极点开发模式，发展中地区宜采取点轴开发模式，较发达地区宜采取网络开发模式。网络开发模式是不同级别中心城市和发展轴线在一定区域范围内的重复覆盖，其本质上是"点—轴系统"理论的进一步发展，或者说是"点—轴系统"理论的一种表现形式（陆大道，2002；李国平、吴爱芝等，2012）。

在"点—轴系统"理论基础上提出的"T"字形结构模式，是 20 世纪 80 年代中期以来中国国土开发和经济布局的基本依据。在此之后一些学者相继提出众多轴线区域开发模式，如"π"字形和"开"字形（戴骅、丁文锋，1988）、"弗"字形（杨承训、阎恒，1990）、"目"字形（张伦，1992）、菱型（刘宪法，1997）以及"两纵两横""三纵—四——沿边"（安树伟、肖金成，2016）等区域开发形态（见表 6 - 1）。这些区域开发模式以"点—轴系统"理论为基础，结合中国经济发展的实际情况，一定程度上拓展了"点—轴系统"理论，并逐渐经历了从点轴系统结构向网络空间结构的转变（吴传清、孙智君等，2007）。

表 6 - 1　　　　　　　　　　　各种轴线区域开发模式

开发模式	具体内涵
"T"字形	东部沿海地带、长江沿岸地带
"π"字形	东部沿海地带、长江沿岸地带、陇海—兰新沿线地带
"开"字形	东部沿海地带、长江沿岸地带、陇海—兰新沿线地带、京广线沿线地带
弓箭形	沿海地带是弓，长江沿岸是箭，京广线是弦，上海是箭头
"H"形	沿海地带和"三线"，中间一道为长江沿岸至陇海沿线的宽带
"弗"字形	东、中、西三大地带，长江经济带，沿黄—陇兰经济带
"目"字形	东部沿海开放区、内陆沿边开放区、沿长江流域开放区、沿陇海—兰新线开放区
菱形	以上海、成渝、穗深、京津、武汉作为中国东西南北中地区的增长极点，形成菱形发展格局
两纵两横	以沿海地带及京广、京哈线为纵轴，长江沿岸及陇海线为横轴
三纵—四横—一沿边	"三纵"指沿海轴线、京哈—京广轴线、包头—昆明轴线；"四横"指珠江三角洲—西江轴线、长江三角洲—长江轴线、淮海经济区—新亚欧大陆桥轴线、环渤海地区—内蒙古—新疆轴线；"一沿边"指从绿江口—北仑河口的沿边开放地区

资料来源：根据相关资料整理。

第二节 我国区域发展空间格局演变：非均衡到相对均衡

改革开放以来，随着区域经济实践的发展，中国区域发展思潮经历了从不平衡发展向协调发展的转变（魏后凯，2009）。整个 20 世纪 80 年代直至 90 年代初期，不平衡发展思潮在中国生产力布局和区域经济政策中占据主导地位，国家把投资布局和政策支持重点逐步转移到东部沿海地区，促进了沿海地区经济的高速增长。随着国内地区差距的不断扩大，地区经济协调发展日益受到重视。从国家战略层面看，1991~1998 年是区域协调发展战略的启动阶段，1998 年以后区域协调发展战略全面实施，相继提出实施西部大开发、促进中部地区崛起、振兴东北地区等老工业基地战略，国家投资开始向中西部地区倾斜。

随着区域经济发展战略从非均衡到协调发展转变，中国经济区域发展空间格局也发生了相应的变化。孙铁山和刘霄泉等（2015）按照经济份额变化，将中国改革开放后区域经济发展空间格局演变分为四个阶段。1980~1985 年为第一阶段。这一阶段由于实行了东部沿海地区优先发展战略，经济布局重点向东部倾斜，东部地区经济份额上升明显，中部地区经济份额也有所上升，而西部和东北地区经济份额持续下降。带动东部地区经济份额上升的区域主要是广东、浙江和山东，上海、北京、天津等东部老工业基地的经济份额呈大幅下降趋势。中部地区经济份额明显上升的是安徽。第一产业是驱动省区经济份额上升的主要因素，源于当时中国改革最先推行的农村经济体制改革。1986~1991 年为第二阶段。该阶段继续推行了东部沿海地区优先发展战略，区域经济空间格局呈现出明显的沿海化趋势，东部地区经济份额大幅上升，中西部和东北地区经济份额全面下降。广东充分利用其政策和地缘优势大力发展外向型经济，成为东部地区经济份额大幅上升的主要带动者。随着城市改革推进和全面对外开放，东部沿海地区依靠其原有的制造业基础和政策、区位优势，成为国际制造业转移的承接基地，第二产业取代第一产业成为东部省区经济份额上升的主要驱动因素。1980~1990 年，东部地区生产总值年均增长 10.2%，中西部地区年均增长 8.8%，东北地区只有 8.1%（魏后凯，2008）。1990 年，以人均 GDP 衡量达到工业化阶段的地级行政单元全国共 14 个，其中东部地区 9 个，占到 64.3%（齐元静、杨宇等，

2013）。1992～2000 年为第三阶段。该时期，中国加快了向市场经济体制转轨，同时也加快了对外开放步伐，区域经济空间格局呈现全面沿海化趋势，经济活动进一步向沿海集聚。东部地区所有省份经济份额都大幅度上升，尤其是广东、浙江、北京和上海上升幅度更为明显，经济活动向京津冀、长三角、珠三角集聚的趋势初步显现。中西部与东北地区除河南、重庆外，其余省区经济份额均呈下降趋势，东北地区的辽宁经济份额下降趋势最为显著。同时驱动东部地区北京、上海、广东经济份额上升的产业由第二产业升级为第三产业，其中北京经济份额上升由第三产业单一驱动，上海和广东以第三产业驱动为主，与第二产业共同驱动。也是在这一阶段，加剧扩大了东部地区与其他地区之间的差距，1991～1998 年东部地区生产总值年均增长14.7%，中部地区年均增长 12.0%，西部和东北地区年均增长分别只有10.4% 和 9.5%（魏后凯，2008）。2000 年，以人均 GDP 衡量达到工业化阶段的地级行政单元全国共 77 个，其中东部地区 50 个，占 64.9%。除资源型城市克拉玛依和大庆外，人均 GDP 达到工业化中期和后期标准的 20 个城市全部位于东部地区（齐元静、杨宇等，2013）。2001 年以后为第四阶段。随着一系列区域协调发展战略相继实施，中国区域经济空间格局经历了从沿海化的非均衡发展向区域协调的均衡发展转变。经济份额上升的省区由东部向中西部地区转移，东部地区经济份额第一次出现下降趋势，中西部地区经济份额开始上升，而东北地区经济份额则呈现持续下降趋势。东部地区除江苏、山东、天津外，其他省区经济份额都有所下降，中部和西部省区经济份额普遍上升，尤其是内蒙古、陕西、山西、重庆和河南上升趋势更为明显。第二产业是驱动中西部省区经济份额上升的主要因素，表明一部分制造业开始由东部地区向中西部地区转移。东部地区与其他地区之间的增长率差距有所缩小（魏后凯，2008）。2010 年，中西部地区人均 GDP 达到工业化阶段标准的地级行政单元明显增多，各地区地级行政单元人均 GDP 达到工业化发展阶段标准的数量逐渐趋于均衡。2010 年，以人均 GDP 衡量达到工业化阶段的地级行政单元全国共 308 个，东、中、西部各占 1/3 左右。更具体地，达到工业化中期阶段的地级行政单元共 123 个，东、中、西部分别占 38.2%、31.7%和 30.1%；达到工业化后期阶段的地级行政单元共 40 个，东、中、西部分别占 65.0%、20.0% 和 15.0%；达到发达经济初期阶段的地级行政单元共 11个，东部和西部分别占 63.6% 和 36.4%（齐元静、杨宇等，2013）。

　　按经济份额变化划分的中国区域经济发展空间格局演变如表 6－2 所示。

表 6 – 2 　　　　　按经济份额变化划分的中国区域经济发展空间格局演变

	时间	演变趋势	驱动因素	主要驱动省份
第一阶段	1980 ~ 1985 年	向东部地区倾斜	第一产业	广东、浙江、山东、安徽
第二阶段	1986 ~ 1991 年	明显的沿海化趋势	第二产业	广东
第三阶段	1992 ~ 2000 年	全面沿海化趋势	第二产业和第三产业	广东、浙江、北京、上海
第四阶段	2001 年以后	区域协调均衡发展	第二产业	内蒙古、陕西、山西、重庆、河南

资料来源：孙铁山，刘霄泉，李国平. 中国经济空间格局演化与区域产业变迁——基于 1952 ~ 2010 年省区经济份额变动的实证分析 [J]. 地理科学，2015，35（1）：56 – 65.

上述分析表明，改革开放以来中国区域经济空间格局经历了由沿海化非均衡发展向各地区均衡发展转变的过程。从 1978 年改革开放直至 2000 年，东部地区经济份额始终呈现上升趋势，经济活动不断向东部地区集聚；2001 年出现东部地区经济份额下降、中西部地区经济份额上升的趋势，以制造业为主的经济活动开始向中西部地区扩散；东北地区经济份额呈现持续下降趋势。虽然从全国层面看经济活动出现了扩散现象，但这种扩散是沿着"点—轴系统"进行的，而且在各区域内部经济活动始终处于集聚状态，只是集聚结构有所不同。东部沿海地区经济活动大多处于多中心、网络化集聚发展阶段，且区域空间结构开始由"点状"网络化集聚为主向以"面域"网络化集聚为主转变。京津冀、长三角、珠三角是东部地区网络化发展的典型代表，京津冀处于准多中心、网络化发展阶段，城市群内部一体化与分工趋势非常明显，空间结构呈现"一主一副、多中心、网络化"形态；长三角进入比较成熟的多中心、网络化发展阶段，区域内部要素流动和产业转移受行政区经济的影响较小；珠三角的多中心、网络化结构最为成熟，多中心网络化特征还在进一步加强。山东半岛、海峡西岸城市群的网络化程度远远低于京津冀、长三角、珠三角。中部地区经济活动大多处在"点—轴系统"集聚发展阶段。中部地区的省会城市发展最快，是各地区的增长极，人口及经济活动主要向省会等大城市集聚，形成了以单中心极核集聚和沿主要轴带拓展为主的空间发展模式，仅在部分相对发达的特大城市出现了圈层式的网络化集聚发展，但网络化程度较低。西部地区经济发展较落后，大多处在"极核式"集聚发展阶段。区域经济增长极均为省会城市，主要分布在陇海—兰新铁路西段沿线和长江上游经济带两个经济发展轴带上。东北地区处于"点—轴系统"集聚发展阶段，且比较成熟。东北地区作为中国的重工业基地，经济活动的区域空间集聚明显依赖于工业城市的建设与发展，哈大铁路和满—哈—绥铁路沿线地区构成了东北地区内部的"T"字形区域空间结构。总体上，中国区域发展空间结构仍以"点—轴体系"模式为主，但正在逐渐向"网络化"模式转变（李国平、王志宝，2013）。

第三节　区域发展空间格局形成机制：扩散中的集聚与集聚中的扩散

　　已有文献对影响区域发展空间格局的因素作了较全面分析，影响因素很多，主要包括地理区位、资源禀赋、自然环境、区域政策、基础设施分布、劳动力流动、资金流动、市场发育程度、科学技术、生态环境、经济基础、对外开放、市场规模、产业转移、城市化水平、经济全球化、国际金融危机等。仔细分析会发现，资源禀赋、自然环境、生态环境、经济基础在很大程度上是由地理区位决定的，对外开放、市场发育程度、产业转移与国家政策直接相关，基础设施分布、城市化水平、资金和劳动力流动是区域发展空间格局演变的结果而不是原因，经济全球化、国际金融危机等外部因素虽然与地理区位或政策无关，但要通过这两个因素才能对区域发展空间格局产生影响。因此，影响区域发展空间格局演变与形成的根本原因是地理区位和政策，地理区位决定了一个地区的资源禀赋，决定了该地区是否拥有或靠近大港口，是否接近国际市场，是否拥有较好的经济基础等；政策因素既包括国家层面的对外开放、区域发展战略等政策，也包括地方政府的地方保护主义行为，地理区位具有客观性，政策具有主观能动性。上述关于区域发展空间格局演变的分析表明，区域发展空间格局演变本质上是经济集聚的区域发生了变化，或者说是不同区域的经济集聚程度发生了变化，是经济集聚与经济扩散的统一。而经济集聚与扩散又受地理区位和政策因素影响，因此，区域发展空间格局形成过程就是地理区位和政策影响下的经济集聚与扩散过程，经济扩散过程中的集聚导致经济集聚发生的区域分布不断发生变化，进而形成区域发展空间格局。由此可见，区域发展空间格局的形成机制包括两个部分：一是地理区位和政策对经济集聚（扩散）的作用机制；二是区域发展空间格局如何在经济集聚与扩散过程中形成。

　　地理区位和政策对经济集聚（扩散）的作用机制可以通过图 6 - 1 中的箭头 1 至箭头 8 来解释。地理区位对经济集聚的直接影响用箭头 1 表示，其理论基础是传统的区位理论和贸易理论，即认为经济集聚发生在具有区位优势的地区，这里的区位优势包含自然生态环境、资源禀赋以及经济基础等方面的优势。早期山西、东北等资源富集地区经济快速发展，以及改革开放前长三角、珠三角地区依托其靠近大港口的优势成为工业集聚中心，都是地理区位直接导致经济集聚的例子。当然，经济集聚地区并非都是地理区位具有优势的区域，而且具有相同区位条件的地区经济发展状况也可能存在巨大差异，最典型的如浙江与福建、广东与广西之间的差距。新经济地理学对这种现象做出了合理解释，该理论认为某地区一旦初始拥有较大的经济规模，就会在集聚效应下产生累积循环机制，进一步强化经济集聚，而最初拥有的较大经济规模可以是历史的偶然因素形成的。浙江和广东的重要优势之一就是因地处长三角和珠三角而拥有国内大市场，进而形成较大的经济规模。新经济地理因素对经济集聚的直接作用用箭头 2 表示。但是浙江和广东拥有国内大市场本身又与它们的地理位置有关，因此，新经济地理学的产生并不能否定地理区位因素的影响，一些地理因素可能正是导致初始经济集聚的偶然因素，通过新经济地理因素间接对经济集聚产生作用，这种作用机制通过箭头 4 表示。

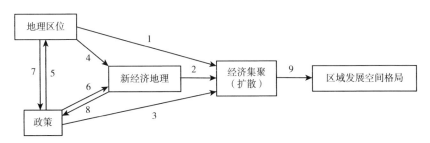

图 6 - 1　区域发展空间格局形成机制

　　政策对经济集聚（扩散）的直接影响用箭头 3 表示。经济政策不是可以随意调整的，一旦实施就具有自我增强的作用，从而表现出政策的路径依赖性（陆铭、陈钊，2005）。经济政策可以直接导致经济集聚或扩散，如国家在实施西部大开发、中部崛起等区域发展战略时，通过设立国家级园区可以直接促进这些地区的经济集聚，而这个过程可能包括承接东部地区的产业转移，即经济政策直接导致东部地区的经济扩散；经济政策也可以阻碍经济集聚或扩散，如地方政府为了发展本地经济而采取的市场分割和地方保护主义行为，一方面阻碍经济活动在更大范围内集聚；另一方面阻断市场作用下产业在区域间的转移与扩散。政策制定往往要受到地理区位和新经济地理因素的影响。如改革开放初期，经济特区和经济开放城市之所以最先在沿海地区设立，很重要的原因是沿海地区更接近国际市场，获得特殊政策后可以更好地发挥政策的作用。西部大开发战略的实施也主要考虑到，西部区位条件的劣势很难通过自身发展缩小与其他地区的差距。东北地区较好的工业发展基础和交通基础设施，是振兴东北战略实施重点考虑的因素之一，显然该政策受到新经济地理因素的影响。政策制定和实施受地理区位的影响用箭头 7 表示，受新经济地理因素的影响用箭头 8 表示。政策对经济集聚的影响还可以是间接的，通常作为历史的偶然事件形成最初的经济集聚，进而在收益递增机制下促进经济活动继续聚集。如西部大开发战略下政府对基础设施投资的倾斜，市场化改革中交易成本费用的降低，都可以促使经济活动集聚，而且是通过新经济地理因素对经济集聚产生间接作用，这种作用过程通过箭头 6 表示。另外，政策还可以通过作用地理区位因素，间接对经济集聚发挥作用，如对外开放政策导致经济在靠近国际市场的沿海地区集聚，正是因为对外开放政策赋予了沿海地区具有靠近国际市场的区位优势，这种作用机制通过箭头 5 表示。

经济集聚一旦在某个区域发生，就会在收益递增机制下实现自我强化，然而集聚并不是无限的、任意的，经济集聚在提高劳动生产率的同时会产生拥挤效应，一方面会使各种要素的成本上升，提高经济活动成本；另一方面会因过度开发、污染等原因超过资源、环境承载限度，进而发生经济扩散现象。从产业集聚的层面可以很好地理解区域经济集聚与扩散现象，某地区经济发展一般包括不同的产业类型，不同产业随着集聚程度变化，由集聚引起的边际收益与边际成本的变化趋势有所不同。图 6-2 中假定某地区拥有三种产业，MR 和 MC 分别表示由集聚引起边际收益和边际成本曲线，L 处边际收益等于边际成本，即该地区某产业从集聚到扩散的界限。在时期 I，存在于该区域范围内的产业在集聚效应下产生的边际收益均大于边际成本，各产业处于集聚发展状态；时期 II，第二类产业和第三类产业的边际收益大于边际成本，仍处于集聚发展状态，第一类产业的边际收益则小于边际成本，故其处于向其他地区扩散阶段；时期 III，只有第三类产业边际收益大于边际成本，还处于集聚发展状态，第一类和第二类产业都开始向其他地区扩散；时期 IV

与时期 I 正好相反，存于该区域范围内的产业在集聚效应下产生的边际收益均小于边际成本，各产业都开始向外扩散。所以，当某地区经济发展处于时期 I，大部分产业处于集聚发展状态时，该地区经济以集聚发展为主；当经济发展处于时期 II 或时期 III，部分产业处于集聚发展状态，部分产业开始向其他地区扩散时，该地区经济表现为集聚发展与扩散发展并存；当经济发展处于时期 IV，大部分产业都开始向外扩散时，该地区经济整体呈现为扩散发展。扩散出去的产业会在新的区域最先集聚发展，之后随着收益与成本变化又向周边地区扩散，重复在扩散中实现集聚发展的过程，这个过程正是区域发展空间格局的形成过程，也即图 6-1 中箭头 9 表示的过程。一些学者的研究表明，我国东部地区就处于经济集聚与扩散发展并存的阶段，制造业集聚程度于 2004 年左右达到最大，之后开始了缓慢向中西部地区扩散的过程（贺灿飞，2011；刘军等，2015）；而生产性服务业的集聚程度则都表现出逐渐提高的动态趋势（陈建军、陈国亮等，2009），生产性服务业不断从东北、中西部地区向东部沿海地区集聚，东部地区的集聚中心效应被不断强化（盛龙、陆根尧，2013）。

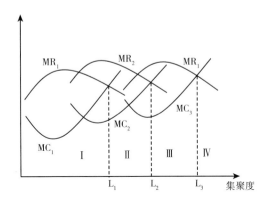

图 6-2　经济集聚与扩散演化机理示意图

地理区位和政策影响经济集聚与扩散，进而形成一定区域发展空间格局背后，存在着两种力量——"顺市场力量"和"逆市场力量"。由于地理区位差异而导致的经济集聚差异是顺应市场化趋势的（陆铭、陈钊，2005），政策顺地理区位差异作用时产生"顺市场力量"，促进经济集聚（扩散），逆地理区位差异作用时产生"逆市场力量"，阻碍经济集聚（扩散）。

第四节 本章小结

本章以区域发展空间格局为切入点，分析了区域发展空间格局的基础、演变和形成机制，结果发现经济集聚与区域发展空间格局密切相关。首先，"点—轴系统"理论是区域发展空间格局的基础，该理论认为，在区域经济发展过程中，大部分社会经济要素在"点"上集聚，并由线状基础设施联系在一起形成的"轴"，"点"和"轴"对周围地区经济发展产生很强极化效应和扩散效应，可以使区域经济得到最佳发展。随着区域社会经济发展，"点—轴"结构必然进一步发展到"点—轴—集聚区"结构，"集聚区"也是点，是规模和对外作用力更大的"点"。"点—轴系统"理论是要求经济集聚的，即经济活动要首先集聚在发展条件较好的"点"及连接各点的"轴"上。其次，区域发展空间格局演变本质上是经济集聚的区域发生了变化，或者说是不同区域的经济集聚程度发生了变化，是经济集聚与经济扩散的统一。经济不断向沿海地区集聚就形成"沿海化"的非均衡区域发展空间格局，经济活动向中西部地区扩散并在这些地区集聚发展就形成相对均衡的区域发展空间格局。当然经济发展不同阶段的集聚模式不同，经济发展水平较低时通常为"极核式"集聚模式，随着发展水平提高会演变为"点—轴系统"集聚模式，更高时为网络化集聚模式。最后，区域发展空间格局形成过程就是地理区位和政策影响下的经济集聚与扩散过程，经济扩散过程中的集聚导致经济集聚发生的区域分布不断发生变化，进而形成区域发展空间格局。经济集聚在区域发展空间格局形成过程中发挥核心作用，地理区位和政策通过经济集聚间接发挥作用。地理区位和政策影响经济集聚与扩散进而形成一定区域发展空间格局背后，存在着两种力量——"顺市场力量"和"逆市场力量"。由于地理区位差异而导致的经济集聚差异是顺应市场化趋势的，政策顺地理区位差异作用时产生"顺市场力量"，促进经济集聚（扩散）；逆地理区位差异作用时产生"逆市场力量"，阻碍经济集聚（扩散）。

第七章　基于一体化与经济集聚视角的拓展区域发展新空间

　　1978 年以来，中国经济增长空间主要集中在东部地区，2008 年世界金融危机之后，东部地区的经济发展进入转型期，支撑中国经济中高速增长的优势和能力在减弱。在这种背景下，《中共中央关于制定国民经济和社会发展第十三个五年规划的建议》明确提出"用发展新空间培育发展新动力，用发展新动力开拓发展新空间"。2016 年李克强总理在《政府工作报告》中进一步指出，通过"拓展区域发展新空间"来协调推动中国经济稳定增长和结构优化。区域发展新空间对全国经济发展具有重要战略意义，资源环境保障能力强、经济规模较大、经济增长速度高于全国平均水平、能够集聚更多的人口和产业，经过一定时间的培育和发展，可以有效地推进国家的工业化和城镇化的关键区域（安树伟、肖金成，2016）。区域发展新空间也可以理解为"战略性区域"（侯永志，2015）、"新战略区域"和"潜在战略区域"（安树伟，2015）。拓展区域发展新空间是落实新时期国家区域发展战略的重要任务，也是优化区域空间开发格局的必然要求，上述关于一体化、经济集聚与区域发展空间格局的论述为拓展区域发展新空间提供了思路。

第一节　拓展区域发展新空间的方式

　　改革开放以来，中国区域发展空间拓展主要通过两种方式实现：一是设立各类开发区以集聚产业，如经济技术开发区、高新技术开发区、科技产业园、创意产业园等；二是设立城市新区或新城用以拓展城市发展空间，如浦东新区、天津滨海新区、重庆两江新区等（肖金成、欧阳慧，2012）。开发区与城市新区的设立，一方面扩大了区域发展的空间范围，从外延上使得区域发展空间得以拓展；另一方面，开发区和新区在一定程度上都具有经济集聚的功能，故其设立可以提高经济发展效率，从内涵上使得区域发展空间得以拓展。随着开发区和城市新区数量的增多，以及为保障粮食安全的"建设用地指标配给制度"实施，未来应该更加注重经济效率的提升，采取更具内涵的方式拓展区域发展新空间。

一、在扩散中不断促进经济集聚发展

　　无论是经济集聚还是扩散发展，其目的都是降低生产要素成本从而提高经济效率。区位理论从成本最小化、利润最大化等角度解释了经济活动集聚现象；新经济地理理论通过产生集聚力的"市场接近效应"和"生活成本效应"以及产生分散力的"市场拥挤效应"分析经济集聚与扩散现象；部分学者指出本地化经济源于各种成本的节约，如产业内专业化经济带来的成本节约，与劳动力市场相关的成本节约，公司网络的形成显著降低交通通信成本，分享各种基础设施带来的成本节约等等。实证研究中，陆铭（2011）关于地理和城市土地利用效率关系的研究表明，1990～2006 年，距离香港、上海、天津这些大港口越远的城市，土地利用效率越低；2006 年，距离大港口 500公里左右城市的土地利用效率比大港口附近城市的效率低大约 50%；距离大港口 450 公里以内，城市建成区面积扩张促进土地利用效率的提高，超出该范围的内陆地区，城市建成区面积扩张则会降低平均土地利用效率。许政和陈钊等（2010）也验证了地理与城市经济增长的非线性关系，随着城市到大港口距离的由远及近，对经济增长有一个先促进再抑制再促进的作用过程。由此可见，不同地理位置的土地利用效率存在很大差别，将经济活动集聚在土地利用效率高的区域，可以提高整体经济效率。经济集聚不仅可以直接提高经济效率，而且通过经济集聚会促进技术创新和经济结构优化，进而间接提高经济发展质量。需要注意的是，当经济集聚到一定程度时会产生集聚不经济，经济活动在分散力作用及相关政策引导下扩散到新的地区，并在这些地区产生新一轮的集聚现象。因此，在经济扩散过程中充分发挥集聚效应可以提高经济发展质量和经济效率，从而实现内涵式拓展区域发展新空间的目标。

　　对进一步促进经济集聚持否定态度的观点，实际上是对经济集聚的认识存在以下三点误区。

第一，认为中国经济集聚程度已经很高了，而且出现了经济活动向中西部扩散现象。首先，与发达国家相比，以空间基尼系数衡量的各行业空间集中程度仍处于相对较低水平；衡量经济集聚程度指标之一——城市规模不仅普遍偏小，而且存在"大城市不大，小城市不小"的规模均等化现象；集聚指数处在世界较低水平，即使与发展程度类似的国家（如巴西、印度）相比，中国的集聚指数依然偏低（朱希伟、陶永亮，2011）。其次，经济活动向中西部地区扩散的原因并非是新经济地理理论中强调的扩散力导致的。新经济地理理论表明，在要素、产品市场一体化条件下，经济集聚达到一定程度将促使本地要素和产品价格上升，最终会迫使部分企业转移投资，部分劳动者也会转移到其他区域，从而实现经济活动从核心发达地区向外围不发达地区扩散（陆大道、樊杰，2009）。而中国经济活动向中西部地区扩散的原因，一方面是国家均衡发展战略的实施，各种政策优惠和投资向中西部地区倾斜导致的，是一种政府行为而非市场化配置；另一方面由沿海地区要素成本上升导致，但要素成本上升的真正原因是劳动力跨区域流动受到户籍制度限制，以及土地农转非指标严格按地区配给的非市场化行为（陈钊，2011）。"民工荒"并不是因为农村没有剩余劳动力，而是农民工进城后在就业、社会保障、公共服务等方面受到歧视加大了其在区域间流动的成本（陈钊、陆铭等，2009）。也正是2003年倾向中西部地区的土地供给政策实施后，东部地区因土地供给受限导致城市房价被显著抬高，并最终导致工资上升（陆铭、张航等，2015）。

第二，认为经济进一步集聚将加大区域间经济发展差距。改革开放以来，中国经济活动不断向东部沿海地区转移和高度聚集，同时东部与中西部间经济发展差距不断拉大。于是有研究认为，经济集聚加剧了区域不平衡增长格局，为了缩小经济差距必须限制经济活动继续向东部地区集聚。事实上，中国区域发展差距的存在，首先是由地理区位引起的自然条件、经济基础等巨大差异决定的；其次中国经历了工业化中期经济高速增长过程，区域间不平衡发展是高速增长难以避免的副作用（陆大道，2009）；再次沿海地区较多地参与经济全球化一定程度上强化了"沿海—内地"的区域空间格局（刘卫东、张国钦等，2007）；最后也是最重要的，东部沿海地区在大规模集聚经济活动的同时，没有起到同比例大规模集聚人口的作用，经济集聚与人口集聚不匹配造成人均GDP和人均收入的较大差距（肖金成、欧阳慧，2012；魏后凯，2016）。根据世界银行的研究，要素充分流动是美国、智利、巴基斯坦等国家地区间收入差距收敛的原因，因此，应改革限制人口向东部地区集聚的制度，只有要素流动和持续发展才能缩小地区间差距，最终促进不同地区人们生活水平趋同（魏后凯，2008；陈钊、陆铭等，2009；肖金成、欧阳慧，2012）。

第三，经济集聚加剧环境污染和引发城市病。事实上恰恰相反，陆铭和冯浩（2014）通过对中国省级面板数据的经验分析，得到了一系列人口与经济活动空间集聚有利于单位地区生产总值工业减排的经验证据：在保持其他条件不变的情况下，地级市市辖区非农业人口规模的基尼系数增加 1 个标准差，工业 COD（化学需氧量）排放强度约下降 19.03 个百分点，工业废水排放达标率增加约 2.27 个百分点，工业烟尘排放强度约下降 14.54 个百分点，工业粉尘排放强度约下降 22.49 个百分点；人口和经济活动的集聚度提高也有利于降低单位工业增加值污染物质的排放强度。而城市扩张过程中出现的交通拥堵、城市污染、犯罪率上升等所谓的"城市病"也不是必然发生的，在很大程度上取决于城市管理和技术发展。解决城市病问题的正确思路是"疏"，而不是"堵"，否则既会损失经济集聚效率阻碍经济增长，又达不到预期目的。

二、推进区域经济一体化进程

区域经济一体化包括国际区域经济一体化与国内区域经济一体化，而中国国内区域经济一体化又包含农村与城市、发达地区与落后地区以及国内各地区之间的一体化。提高一体化水平，既可以促进经济集聚发展实现区域发展新空间的拓展，又可以缩小区域间经济发展差距。对外开放无疑对中国区域经济发展产生了重大影响，新时期要转变对外开放方式，实现新的国际市场一体化。改革开放以来，中国对外贸易得以迅速发展，2013 年货物进出口总额超越美国成为世界第一，外商直接投资金额与对外经济合作金额也在逐年攀升，总体上国际市场一体化水平得到显著提升。但全球金融危机之后，国际环境发生了变化，一些国家为了自身利益试图重构贸易和投资规则。因此，中国要转变对外开放方式，一方面，以设立自贸区的方式通过"开放倒逼改革"，有效应对西方发达国家的新型贸易规则变化（薄文广、安虎森，2016）；另一方面，随着经济实力和企业实力的增强，逐步将对外开放战略重点转向"走出去"，通过多边或双边区域合作方式加入国际经济体系，形成对外开放新格局（刘乃全、刘学华等，2008）。如"一带一路"倡议在一定程度上重塑了中国国外经济地理，为拓展区域发展空间提供了新的路径，或者说该倡议本身就在拓展区域发展新空间。

2009年世界经济发展报告指出，密度、距离和分割是区域经济发展的三大特征，并进一步指出"分割"是国际层次最具重要性的特征（世界银行，2009）。事实上，"分割"也是中国国内区域经济发展最重要的特征，不仅存在城乡分割，也存在地区之间的分割，徐现祥和王贤彬等（2011）将中国区域发展的事实概括为"区域内迅速发展、区域间矛盾突出"。改革开放以后，经济增长和发展成为中国的首要目标，为此中央政府通过财政和人事干部体制改革从财政和政治两个方面激励地方政府（官员），并逐步向地方政府下放行政权力和经济管理权力，行政框架的"条条"特征逐渐减弱而"块块"特征不断增强，地方政府获得的自主权力越来越多（徐现祥、王贤彬等，2011）。结果就是，财政激励下，地方政府致力于辖区经济发展、政治激励下，出现了"为增长而竞争"现象（张军、周黎安，2008）；两者共同激励下，地方政府开始了"标尺竞争"，通过税收优惠上的恶性竞争、压低价格吸引投资等方式争夺经济资源。总之，地方政府扮演了太多推动经济发展的角色，产生了严重的市场分割与地方保护主义。现有文献表明，正是1994年分税制改革后中国市场分割指数波动趋于平稳且呈现下降趋势，之前市场分割指数波动明显主要受财政制度多次调整影响。中国省市间严重的市场分割，严重阻碍和限制了生产要素自由流动，既不利于经济集聚效应的发挥，也不利于地区间要素回报的均等化以及区域经济均衡发展。浙江经济快速发展的一个很重要原因是以家庭和小规模非国有企业为经营主体的"小企业、大市场"发展模式（刘吉瑞，1996、1997）推进了区际贸易和要素流动，以此为依托才进入国际商品市场与资本市场（赵伟，2005）。陆铭和陈钊（2009）的实证研究还表明，其他省份都存在分割市场的条件下，分割市场对本省经济增长是有利的，但这种省际分割的边界效应相当于在相邻城市间增加约260公里实际距离。

陆铭（2011）将中国劳动力在城乡间与地区间流动的制度障碍比作"玻璃幕墙"，看不见却真实存在。改革开放前政府通过户籍制度严格限制农民向城市迁移，改革开放后20世纪80年代劳动力流动仍然受户籍制度严格约束，1990~1995年间流动人口增速明显上升（段成荣、杨舸等，2008）。时至今日，中国劳动力跨地区流动表面上自由，实则仍然受户籍制度导致的身份差异影响，没有当地城市户籍的外来劳动力至少面临"三歧视一障碍"（陆铭，2011）。首先是就业歧视，农村劳动力在劳动合同、工资以及养老、医疗和失业保险方面均受到歧视。姚先国和赖普清（2004）对浙江省企业农村劳动力调查数据的研究发现，户籍歧视可以解释城乡工人劳资关系差异的20%~30%。20世纪90年代以后，农村劳动力更多地流向城市的体制外就业（周靖祥、何燕，2009）。其次是社会保障歧视，中国现有的社会保障体系由本地财政支撑并独立运转，社会保障以服务本地居民为主，即使少数城市专门为外来人口提供社会保障，保障水平也比较低。再次是公共服务歧视，特别是在子女教育方面。最后是劳动力流动还面临着土地制度障碍，虽然农民的宅基地天然对应着建设用地指标，却不能作为资产来交易，实践中不允许进城农民转让其在家乡的宅基地对应的建设用地指标。在这些歧视和障碍影响下，中国经济活动向东部地区明显集聚的同时，人口和土地集聚趋势却步履蹒跚（陆铭，2010），以面积为指标衡量的城市化进程明显快于以非农业人口增速衡量的城市化进程，越往西部这两者的差异越大。

因此，要想实现通过经济集聚达到拓展区域发展新空间的目的，一方面要转变对外开放方式，继续扩大对外开放；另一方面也是更重要的，必须打破地区间的市场分割和城乡分割，改变对地方地府的激励，彻底改革现有户籍制度和土地制度，实现各种要素充分自由流动。而且区域经济一体化下，要素充分流动促进经济集聚发展也是合乎市场化要求的理性选择。

三、以"城市群—发展轴"为主体形态拓展区域发展新空间

避开生态环境脆弱区域，确立集约发展理念，集约利用土地，实现大规模高强度的工业化城镇化在有限的区域空间集聚发展。城市群是经济全球化趋势下出现具有国际竞争力的区域单元，是目前主导中国经济发展的主要空间组织形式，随着行政区划调整及区域经济一体化进程不断加快，城市群范围内的集聚经济效益将进一步吸引人口和经济活动的空间聚集（陆大道、樊杰，2009）。2014年，中国城市群地区生产总值占全国地区生产总值的82.46%，实际利用外资占全国的比例达90.53%，进出口总额所占比例为94.3%（方创琳等，2016）。因此，要以城市群为主体形态拓展区域发展新空间，城市群内以地级市为基本单元的具有较大发展潜力、处于快速成长阶段的城市将成为区域发展的新空间（魏后凯，2007）。处于不同发展阶段的

城市群需要通过不同途径进行新空间拓展，对于发育相对成熟的京津冀、长三角、珠三角城市群，未来发展以转型升级、结构优化、功能提升为主，一方面要继续推动具有集聚效应的产业（如电子信息产业、生产性服务业等）在城市群内聚集；另一方面要遵循市场规律，将不具有集聚效应的产业尽快向中西部地区城市群转移，为其他产业腾出发展空间。对于发育程度相对较低的东北地区、中原地区、长江中游、成渝地区、关中平原等城市群，重点是促进当地产业（尤其是工业）和承接的东部地区产业向已设立的经济区集聚发展。对于正在培育的环北部湾地区、云南沿边地区等城市群，则首先要通过设立各类开发区为经济集聚发展提供载体，以外延方式拓展区域发展新空间，发展到一定程度后转向促进经济集聚发展的内涵拓展方式。经济轴带是中国区域发展空间的总体框架，交通条件的显著改善为沿经济轴带拓展区域发展空间创造了条件，尤其在中西部地区要重点沿大型综合交通走廊形成的发展轴拓展发展新空间。加强城市群与发展轴的相互耦合，形成以"城市群为核心，发展轴为引导"的区域发展新空间拓展模式。

第二节　拓展区域发展新空间的保障措施

生产要素自由流动是促进经济活动集聚与扩散发展的前提条件，而中国当前的户籍制度和土地制度则阻碍生产要素在城乡间和区域间流动和再配置，所以推进户籍制度与土地制度改革是促进经济集聚与扩散进而拓展发展新空间的重要保障。鉴于中国市场化程度低的现状，推进市场化改革可以促进经济集聚效应充分发挥。另外，中央政府对促进经济集聚与区域经济一体化以拓展区域发展新空间具有无可替代的作用。

一、推进户籍制度与土地制度改革

当前，中国的户籍制度和土地制度是阻碍生产要素在城乡间和区域间流动和再配置的主要因素，只有生产要素自由流动才能促进经济活动集聚发展，才能激发经济增长的新动力，从而实现拓展区域发展新空间。因此，必须针对现有的户籍制度和土地制度进行一系列综合配套改革。首先，构建全国统一的户籍登记制度、就业管理制度、社会保障制度以及公共服务体系和社会治理体系，促进劳动力在城乡间、区域间自由流动，实现城乡居民及不同地区居民生活质量等值化，真正实现农民工市民化，从而推进人口与产业协同集聚（魏后凯，2016）。户籍制度改革要打破城乡分割，按照常住居住地登记户口，剥离户籍中内含的各种福利，取消城乡居民的身份差别，实现公民身份和权利的平等；建立城乡统一的就业管理制度，促进城乡之间、区域之间劳动力自由流动，彻底消除对农民工就业的各种限制和歧视，促进城乡平等充分就业，建立城乡统一的就业失业登记制度，以及均等的公共就业创业服务体系；建立城乡统一的基本医疗保险、养老保险、社会救助等社会保障制度；建立城乡统一的公共服务体系，加快城市基础设施和公共服务向农村延伸，缩小城乡公共服务水平差距，推进城乡公共服务一体化。其次，建立城乡统一的土地管理制度，推进土地制度改革。健全土地统一登记和城乡建设用地制度，规范集体经营性建设用地流转，保障农民宅基地用益物权；建立城乡统一的土地市场和土地交易平台，规范交易程序，促进农村集体土地合理有序流转；规范和完善与城乡建设用地增减挂钩的土地政策，以保护农民利益为核心，同时实现农民居住条件改善和节约土地。再次，促进土地制度与户籍制度联动改革。放松政策管制，允许土地跨省（区、市）"占补平衡"，实现非农业用地指标的跨区域再配置（陆铭，2010、2011）。在全国范围内建立跨地区的建设用地指标交易机制，可交易的建设用地指标不仅包括中央政府配置的指标，还包括农村宅基地所对应的建设用地指标，允许进城务工的农村户籍人口用其宅基地对应的建设用地指标换取就业所在地的户籍、社会保障和公共服务，实现劳动力和土地指标同方向流动。与此同时，改革地方政府官员的绩效考核机制，不同地区采取不同的考核标准，经济发达的东部沿海地区，保留对经济总量增长的考核；经济欠发达的中西部地区，重点考核人均 GDP 或人均收入，降低经济总量和招商引资指标的考核权重。另外，在地方政府官员的考核体制中更多加入公共服务和民生的指标。

二、充分发挥市场的决定性作用

2015 年，中国经济自由度得分 52.7，低于全球平均得分 60.4，在亚太 42 个国家和地区中排第 30 位，在参与排名的 178 个经济体中列第 139 位，仍属不太自由的经济体（安树伟、肖金成，2016）。根据经济学原理，如果两家企业生产效率存在差别，通过市场配置资源的结果一定是效率差的企业资源往效率好的企业配置，最终企业间的全要素生产率（TFP）差异将缩小。中国的现实情况是，2003 年之后，整体上企业间 TFP 差距出现了扩大趋势，其中东部地区企业之间效率差距最低，中部次之，西部最高，说明不仅在全国层面上资源配置效率整体恶化，而且分地区看中西部地区恶化程度更为严重。资源配置效率恶化的拐点与制度上行政配置资源的拐点同时出现在 2003 年，只能说明配置效率的恶化是政府政策干预的结果（陆铭，2014）。因此，必须积极稳妥地从广度和深度上推进中国的市场化改革，大幅度减少政府对资源的直接配置和干预，实现政府功能从微观干预向宏观管理的转变，依据市场规则、市场价格、市场竞争推动资源配置，促进经济集聚效应充分发挥，从而达到经济社会效益最大化和效率最优化。

三、正确发挥政府的作用

在促进经济集聚与区域经济一体化以拓展区域发展新空间这个问题上，中央政府具有无可替代的作用，至少可以在以下三个方面发挥重要作用。第一，消除区域间行政壁垒，维持统一的国内市场。在国际市场疲软的情况下，保持中国国内统一的大市场显得尤为重要，不仅有利于国内经济集聚发展中规模经济效益的发挥，而且在对外开放中为发挥大国的国际地位奠定了一定基础。统一市场的建立，一方面要推动跨省的区域合作，打破区域间市场分割政策的阻碍，打破区域间社会保障体系不对接引起的劳动力流动障碍，建立区域内市场统一的利益平衡与协商机制。只有在统一大市场基础上，区域内部才能实现资源优化配置与产业分工协作，形成区域经济发展合力与区域竞争力，才能进一步实现在基础设施建设、公共社会服务、环境保护等方面的合作。为了很好地推进国内大市场形成，可以先从长三角、珠三角、京津冀等经济基础好且市场化发育程度高的城市群内展开合作。另一方面要适当削弱地方政府的权利，更多地依靠民间力量推动经济发展而不是依赖政府推动。弱化地方政府力量是维持国内统一市场的前提条件，否则地方政府为了追求短期经济发展目标始终有动力分割市场。而且现阶段，资本市场的融资功能已逐步建立和完善，政府推动经济发展、基础设施建设的需求逐渐减弱，政府处理日益复杂的市场信息的劣势也越来越明显。第二，通过适当的地区间财政转移避免地区差距过大。首先，中央政府的财政转移支付要偏向经济不发达地区，这样才能促使不发达地区主动放弃不具有任何优势的产业发展，让这些产业在发达地区或具有优势的地区充分实现集聚发展。其次，中央政府的财政转移支付应主要用于教育、医疗、养老等公共服务和社会保障，重点把钱投在人上，而不是通过对资本的税收优惠和压低土地价格等方式来吸引投资，目的是实现地区间公共服务均等化。第三，健全引导城市紧凑发展的城市规划和管理政策。通过修订《城市规划建设用地标准》适度降低现行的城镇综合用地标准，提高土地利用强度，通过提高建成区人口密度而非扩大城市面积的方式提升城市人口容量；提高城市规划的科学性和约束力，保证城市内部及组团之间公共绿地、农业用地、防护林以及自然和人工水体不被侵占（肖金成、欧阳慧等，2012）。第四，综合运用市场、法律、必要的行政手段以及技术力量完善环境保护政策。建立以市场为基础的环境资源价格政策，引入市场机制促进排污权交易市场的发展，完善交易市场、交易规则、纠纷裁决、责任追究等制度，规范企业排污行为，加快开征环境保护税。

第八章 结论与政策含义

第一节 结 论

　　本书总体上遵循从现象到理论、从理论到实证、再从实证到实践的思路，从理论和实证两个方面分析了一体化与经济集聚、经济集聚与区域发展空间格局的关系，并进一步基于一体化与经济集聚视角提出拓展区域发展新空间的思路。本书主要得出以下四点结论。

　　（1）区域经济一体化、经济集聚（扩散）与区域发展空间三个概念紧密相关。经济集聚（扩散）是区域经济一体化的动态效应之一（陈建军，2009），两者之间存在一种非线性的对应关系，即一体化程度很低时，经济活动分散布局；在中等水平的一体化程度下，经济活动在空间上迅速集聚；当一体化程度很高时，经济活动向周边地区扩散，又倾向于分散布局。经济集聚（扩散）是从内涵上拓展区域发展空间的重要途径。区域发展新空间是对原有区域发展空间的进一步拓展，其"新"体现在两个方面：一是具体的区域范围扩大；二是抽象的经济效率提升，通过经济集聚（扩散）拓展的新空间主要体现在经济效率的提升方面。

　　（2）总体上中国市场一体化程度呈上升趋势。首先，改革开放以来中国政府强调对外开放甚于对内开放，使 1978～2016 年以进出口总额占 GDP 比重和外商直接投资衡量的中国国际市场一体化水平得到了显著提高。其次，1999～2015 年，基于"价格法"测度的中国国内市场的一体化程度在波动中呈上升趋势，不同地区及各省份市场一体化程度的变动趋势与全国基本相同。各省的市场一体化程度存在显著差异，大致表现出由东向西递减的趋势。中国的经济集聚趋势明显，突出表现为经济活动向东部沿海地区与城市群地区集聚。改革开放后，沿海地区成为中国经济活动集聚的主要地区，1980～2016 年，东部地区生产总值占全国的比重由 43.8% 提高到 52.6%，2006 年达到历史最高点 55.7% 后开始下降，但是在 2014 年又开始出现小幅度上升趋势；中部地区变化幅度较小，基本保持在 20% 左右；西部地区在 1980～2004 年基本呈下降趋势，从 20.2% 减少到 16.9%，之后呈小幅度上升趋势，2016 年增加到 20.1%；东北地区一直呈下降趋势，从 13.7% 下降为 6.7%。1996～2005 年东部地区第二产业增加值占全国的比重呈上升趋势，中西部地区呈缓慢下降趋势；2005 年之后东部地区比重开始下降直至 2014 年再次上升，中西部地区则基本呈上升趋势；1996～2016 年东北地区第二产业增加值占全国的比重持续下降。各区域第三产业增加值占全国比重的变化不明显。经济活动向城市群地区集聚的趋势也很明显。1999～2015 年，十一大城市群GDP 占全国的比重变化呈拉长的 N 型，1999～2005 年为持续快速上升阶段，从 68.5% 上升到 76.7%；2005～2007 年经历了短暂的下降阶段，从 76.7% 下降到 74.0%；2007 年之后又开始快速上升，2015 年达到 77.0%，超过了2005 年的水平。十一大城市群第二产业、第三产业增加值占全国的比重也呈上升趋势。2015 年，十一大城市群以不到全国 1/5 的土地面积，创造了将近全国 4/5 的地区生产总值。产业集聚方面，1980～2014 年制造业产业集聚整体呈上升趋势，但无论是基于工业总产值计算的区位基尼系数还是 EG 指数均表明，制造业的空间集聚程度在 2004 年达到峰值后出现了明显的下降趋势。2003～2010 年，生产性服务业的集聚程度均有所增加，生产性服务业就已经形成"以东部沿海为集聚中心，以东北、中西部为外围"的发展格局，随着时间的推进，这种发展格局存在继续强化的趋势，生产性服务业不断从东北、中西部地区向东部沿海地区集聚，东部地区的集聚中心效应被不断强化。值得注意的是，虽然整体上经济活动仍然在向东部地区和城市群地区集聚，但 2005 年前后经济活动出现明显地向中西部地区扩散的现象，而且制造业在东部地区集聚程度是下降的，生产性服务业则在东部地区出现新的集聚趋势。

（3）新经济地理理论表明，对外开放且地理位置对称条件下，对外贸易自由度较低时，对称分布是唯一稳定的长期均衡；随着贸易自由度的提高，对外贸易成本下降，劳动力分布出现三个长期稳定均衡，假设初始分布为对称分布，如果外来冲击较小，冲击过后劳动力将自动恢复到原来的对称分布，如果外来冲击足够大，劳动力分布形成稳定的核心—边缘结构；随着贸易自由度进一步提高，对称分布变为不稳定的均衡状态，任何微小的外生冲击均会使得这种差异进一步扩大并形成稳定的核心—边缘分布。地理位置非对称条件下，当贸易自由度较低时，长期稳定均衡状态下，具有地理优势地区的劳动力份额略大；随着贸易自由度的提高，地理优势会得到强化，但还不足以形成以具有优势地区为核心的核心—边缘结构；贸易自由度进一步提高时出现不稳定的均衡点，只要具有优势地区初始的劳动力份额高于不稳定均衡点对应的劳动力份额，地理优势就会使得该地区在累积循环作用下成为国内经济活动的核心地区。对外开放水平较高且地理位置对称条件下，无论劳动力初始分布状态如何，都会随着国内一体化水平的提高经历先核心—边缘结构后对称结构的转变，即经济活动经历先集聚后扩散的现象。对外开放且地理位置非对称最符合中国现实状况。基于中国 31 个省（区、市）1999～2015 年面板数据，对一体化与经济集聚关系的实证分析表明，以第二产业衡量经济集聚时，国际市场一体化水平与国内市场一体化水平对经济集聚程度的影响均为正，且前者对经济集聚的影响程度较国内市场一体化大；两者交互项系数为负，表明国际市场一体化与国内市场一体化在共同影响经济集聚方面存在相互替代效应。以第三产业衡量经济集聚时，国际市场一体化水平对经济集聚程度的影响仍然显著为正，而国内市场一体化水平对经济集聚的影响则显著为负，且国际一体化水平对第三产业衡量的经济集聚的影响程度高于以第二产业衡量的经济集聚；两者交互项系数为负，但显著性水平较低，表明它们共同作用经济集聚的替代效应也不明显。无论以第二产业还是第三产业衡量经济集聚，均未出现国际市场一体化或国内市场一体化对经济集聚的非线性影响。

（4）现经济集聚与区域发展空间格局密切相关。首先，区域发展空间格局的基础——"点—轴系统"理论是要求经济集聚的，即经济活动要首先集聚在发展条件较好的"点"及连接各点的"轴"上。其次，区域发展空间格局演变本质上是经济集聚的区域发生了变化，或者说是不同区域的经济集聚程度发生了变化，是经济集聚与经济扩散的统一。经济不断向沿海地区集聚就形成"沿海化"的非均衡区域发展空间格局，经济活动向中西部地区扩散并在这些地区集聚发展就形成相对均衡的区域发展空间格局。当然经济发展不同阶段集聚模式不同，经济发展水平较低时通常为"极核式"集聚模式，随着发展水平提高会演变为"点—轴系统"集聚模式，更高时为网络化集聚模式。最后，区域发展空间格局形成过程就是地理区位和政策影响下的经济集聚与扩散过程，经济扩散过程中的集聚导致经济集聚发生的区域分布不断发生变化，进而形成区域发展空间格局。经济集聚在区域发展空间格局形成过程中发挥核心作用，地理区位和政策通过经济集聚间接发挥作用。地理区位和政策影响经济集聚与扩散进而形成一定区域发展空间格局背后，存在着两种力量——"顺市场力量"和"逆市场力量"。由于地理区位差异而导致的经济集聚差异是顺应市场化趋势的，政策顺地理区位差异作用时产生"顺市场力量"，促进经济集聚（扩散）；逆地理区位差异作用时产生"逆市场力量"，阻碍经济集聚（扩散）。促进经济集聚（扩散）发展是一种内涵式的拓展区域发展新空间方式。中国目前的经济集聚程度并不高，经济集聚也不是加大区域经济发展差距、加剧环境污染、引发城市病的根本原因，相反充分发挥经济集聚效应可以提高土地利用效率，可以促进经济增长获得动态效率，更有利于一国经济的长期繁荣。大力推进区域经济一体化是实现经济集聚的重要途径，一方面要转变对外开放方式，继续扩大对外开放；另一方面必须打破地区间的市场分割和城乡分割，实现各种要素充分自由流动。在一体化和经济集聚基础上，加强城市群与发展轴的相互耦合，形成以"城市群为核心，发展轴为引导"的区域发展新空间拓展模式。一体化与经济集聚视角下为确保区域发展新空间得以顺利拓展，一要推进户籍制度与土地制度改革，并且促进两者联动改革，允许土地跨省（区、市）"占补平衡"，实现非农业用地指标的跨区域再配置；二要充分发挥市场的决定性作用，减少政府对资源的直接配置和干预，实现政府功能从微观干预转向宏观管理；三要在消除区域间行政壁垒、维持国内统一市场，通过地区间财政转移避免地区差距过大，健全引导城市紧凑发展的城市规划和管理政策，完善环境保护政策等方面正确发挥中央政府的作用。

第二节　政策含义

从上述结论中可得到以下三点启示。

（1）中国国内市场一体化程度还处于较低水平。新经济地理理论表明，贸易一体化（广义运输成本）对经济活动空间分布的影响是非线性的，即当一体化水平达到一定程度时，经济活动由集聚转向扩散发展。但目前，中国国内市场一体化对经济集聚的影响还没有出现这种趋势，说明国内市场一体化水平较低，同时经济集聚程度也处于较低水平。因此，如果政府出于缩小地区差距、平衡区域经济发展考虑，通过行政手段控制经济活动进一步集聚，虽然短时间内可以缩小差距但却损失了经济集聚带来的效率提高，最终将不利于地区差距缩小和均衡发展。事实上，中国的经济资源正面临严重的空间错配问题（陆铭，2017），即人口流动方向和经济资源的配置方向不一致，人口从中西部地区向沿海的东部及中部的一些大城市流动，但资源却在行政力量主导下向中西部小城市配置。缩小区域发展差距、实现区域间平衡发展，不应着眼于经济和人口在空间上均匀分布，而应着眼于区域之间的人均平衡，在人口流动过程中实现区域经济资源的优化配置，在集聚中走向平衡发展。也就是必须让市场成为配置资源的决定性力量，政府则应该确保人口自由流动的前提下，帮助欠发达地区发展比较优势产业，提高人民生活质量等。

（2）20世纪90年代初期中国市场经济体制初步建立，随着城市土地市场化和外商直接投资的增多，1992年开始开发区建设进入快速发展时期（冯奎等，2015）。各类开发区为工业发展提供了空间载体，利用其自身在土地、资金、税收等方面的优惠政策，一方面聚集了国内大量高新技术产业、装备制造业、新能源新材料、生物医药等战略性新兴产业；另一方面成功吸引了外资和国外先进制造业，成为推动各地经济增长的发动机。2014年，《国家新型城镇化规划（2014～2020年)》《关于推进土地节约集约利用的指导意见》《关于加强地方政府性债务管理的意见》《关于清理规范税收等优惠政策的通知》等规划和文件陆续出台和下发，开发区的设立条件、建设用地规模以及地方政府的举债融资权限和税收优惠政策制定权限受到严格控制，开发区建设进入注重质量效益的内涵式发展阶段。因此，未来各地区应该打破行政区域界线，加快一体化进程，加快开发区整合速度，促进经济活动进一步向开发区集聚发展，提高经济效率，实现区域发展新空间的拓展。

（3）研究时段内，国际市场一体化对经济集聚的影响程度较大，这与中国改革开放有关。今后，为了很好地促进经济集聚发展，应统筹兼顾促进对外开放和内部区域开放，在深化对外开放的同时加快推进国内统一市场的建设。尤其是东部沿海地区，早期依靠各种优势资源形成了出口导向型经济发展模式，随着国际经济形势发生变化，沿海地区受外部世界市场的约束越来越大，今后经济的持续增长将更多地依托国内巨大的潜在市场。为了能够很好地激发国内市场潜能，保持中国经济稳定增长，势必要加快国内市场一体化改革，限制地方政府的各种保护地方经济和分割市场的行为，降低交易成本，争取早日实现统一的国内大市场。

参考文献

［1］安虎森，李瑞林．区域经济一体化效应和实现途径［J］．湖南社会科学，2007（5）：95－102.

［2］安虎森等．新经济地理学原理（第二版）［M］．北京：经济科学出版社，2009.

［3］安树伟，肖金成．区域发展新空间的逻辑演进［J］．改革，2016（8）：45－53.

［4］安树伟．培育中国经济新战略区域［N］．中国社会科学报，2015－10－14.

［5］白重恩，杜颖娟，陶志刚等．地方保护主义及产业地区集中度决定因素和变动趋势［J］．经济研究，2004（4）：29－40.

［6］Batisse，C cile．专门化、多样化和中国地区工业产业增长的关系［J］．世界经济文汇，2002（4）：49－62.

［7］波特著，李明轩，邱如美译．国家竞争优势［M］．北京：中信出版社，2012.

［8］薄文广，安虎森．我国区域发展思路的演进与未来展望［J］．南开学报（哲学社会科学版），2016（3）：115－124.

［9］蔡宏波，戴俊怡，李宏兵．市场潜能与国内市场分割——基于中国省市数据的实证研究［J］．产业经济研究，2015（5）：83－92.

［10］陈建军，陈国亮等．新经济地理学视角下的生产性服务业集聚及其影响因素研究——来自中国222个城市的经验证据［J］．管理世界，2009（4）：83－95.

［11］陈建军．要素流动、产业转移和区域经济一体化［M］．杭州：浙江大学出版社，2009.

［12］陈红霞，李国平．中国生产性服务业集聚的空间特征及经济影响［J］．经济地理，2016，36（8）：113－119.

[13] 陈红霞, 李国平. 1985~2007年京津冀区域市场一体化水平测度与过程分析 [J]. 地理研究, 2009, 28 (6): 1476-1483.

[14] 陈敏, 桂琦寒, 陆铭等. 中国经济增长如何持续发挥规模效应? ——经济开放与国内商品市场分割的实证研究 [J]. 经济学 (季刊), 2007, 7 (1): 125-149.

[15] 陈钊. 产业转移与集聚都需要市场逻辑——解读"十二五"规划 [J]. 上海国资, 2011 (18): 28-29.

[16] 陈钊, 陆铭, 许政. 中国城市化和区域发展的未来之路: 城乡融合、空间集聚与区域协调 [J]. 江海学刊, 2009 (2): 75-80.

[17] 戴晔, 丁文锋. 试论陇海—兰新线在我国生产力布局中的主轴线地位 [J]. 开发研究, 1988 (2): 26-29.

[18] 邓明. 中国地区间市场分割的策略互动研究 [J]. 中国工业经济, 2014 (2): 18-30.

[19] 邓若冰, 刘颜. 工业集聚、空间溢出与区域经济增长——基于空间面板杜宾模型的研究 [J]. 经济问题探索, 2016 (1): 66-76.

[20] 丁伯根. 国际经济一体化 [M]. 上海: 上海人民出版社, 1999.

[21] 杜能. 孤立国同农业和国民经济的关系 [M]. 北京: 商务印书馆, 1986.

[22] 国家发改委国地所课题组. 我国城市群的发展阶段与十大城市群的功能定位 [J]. 改革, 2009 (9): 5-23.

[23] 顾朝林, 庞海峰. 基于重力模型的中国城市体系空间联系与层域划分 [J]. 地理研究, 2008, 27 (1): 1-12.

[24] 郭勇. 国际金融危机、区域市场分割与工业结构升级——基于1985~2010年省际面板数据的实证分析 [J]. 中国工业经济, 2013 (1): 19-31.

[25] 范爱军, 李真, 刘小勇. 国内市场分割及其影响因素的实证分析——以我国商品市场为例 [J]. 南开经济研究, 2007 (5): 111-119.

[26] 范剑勇. 市场一体化、地区专业化与产业集聚趋势——兼谈对地区差距的影响 [J]. 中国社会科学, 2004 (6): 39-51.

[27] 范剑勇, 林云. 产品同质性、投资的地方保护与国内产品市场一体化测度 [J]. 经济研究, 2011 (11): 48-59.

[28] 范剑勇, 杨丙见. 美国早期制造业集中的转变及其对中国西部开

发的启示［J］.经济研究，2002（8）：66－73.

［29］范子英，张军.财政分权、转移支付与国内市场整合［J］.经济研究，2010（3）：53－63.

［30］方创琳，宋吉涛，张蔷等.中国城市群结构体系的组成与空间分异格局［J］.地理学报，2005，60（5）：827－840.

［31］贺灿飞.中国制造业地理集中与集聚［M］.北京：科学出版社，2009.

［32］贺灿飞，刘作丽，王亮.经济转型与中国省区产业结构趋同研究［J］.地理学报，2008，63（8）：807－819.

［33］贺灿飞，潘锋华，孙蕾.中国制造业的地理集聚与形成机制［J］.地理学报，2007（12）：1253－1264.

［34］贺灿飞，谢秀珍，潘峰华.中国制造业省区分布及其影响因素［J］.地理研究，2008，27（3）：623－635.

［35］贺灿飞，朱彦刚，朱晟君.产业特性、区域特征与中国制造业地理集聚［J］.地理学报，2010（10）：1218－1228.

［36］胡佛.区域经济学导论［M］.北京：商务印书馆，1990.

［37］胡序威，周一星，顾朝林等.中国沿海城镇密集地区空间集聚与扩散研究［M］.北京：科学出版社，2000.

［38］黄玖立.对外贸易、区域间贸易与地区专业化［J］.南方经济，2011（6）：7－22.

［39］黄玖立，李坤望.对外贸易、地方保护和中国的产业布局［J］.经济学（季刊），2006（3）：733－760.

［40］景普秋，罗润东.经济全球化下中国区域经济一体化的思考［J］.山西财经大学学报，2002，24（4）：27－30.

［41］金祥荣，朱希伟.专业化产业区的起源与演化——一个历史与理论视角的考察［J］.经济研究，2002（8）：74－82.

［42］金煜，陈钊，陆铭.中国的地区工业集聚：经济地理、新经济地理与经济政策［J］.经济研究，2006（4）：79－89.

［43］克鲁格曼著；张兆杰译.地理和贸易［M］.北京：北京大学出版社，中国人民大学出版社，2000.

［44］勒施著；王守礼译.经济空间秩序：经济财货与地理间的关系［M］.北京：商务印书馆，2010.

[45] 李国平，王志宝. 中国区域空间结构演化态势研究 [J]. 北京大学学报（哲学社会科学版），2013，50（3）：148-157.

[46] 李善同，侯永志，刘云中等. 中国国内地方保护问题的调查与分析 [J]. 经济研究，2004（11）：78-83.

[47] 梁琦著. 产业集聚论 [M]. 北京：商务印书馆，2004.

[48] 林毅夫，刘培林. 中国的经济发展战略与地区收入差距 [J]. 经济研究，2003（3）：19-25.

[49] 刘吉瑞. "小企业、大市场"（上）——对浙江经济体制运行特征的描述 [J]. 浙江学刊，1996（6）：19-24.

[50] 刘吉瑞. "小企业、大市场"（下）——对浙江经济体制运行特征的描述 [J]. 浙江学刊，1997（1）：22-26.

[51] 刘军，段会娟. 我国产业集聚新趋势及影响因素研究 [J]. 经济问题探索，2015（1）：36-43.

[52] 刘乃全，刘学华，赵丽岗. 中国区域经济发展与空间结构的演变——基于改革开放30年时序变动的特征分析 [J]. 财经研究，2008，34（11）：76-87.

[53] 刘卫东，张国钦，宋周莺. 经济全球化背景下中国经济发展空间格局的演变趋势研究 [J]. 地理科学，2007，7（5）：609-616.

[54] 刘宪法. 中国区域经济发展新构想：菱形发展战略 [J]. 开放导报，1997，2（3）：46-48.

[55] 刘小勇，李真. 财政分权与地区市场分割实证研究 [J]. 财经研究，2008，34（2）：88-98.

[56] 刘小勇. 市场分割对经济增长影响效应检验和分解——基于空间面板模型的实证研究 [J]. 经济评论，2013（1）：34-41.

[57] 陆大道. 区域发展及其空间结构 [M]. 北京：科学出版社，1995.

[58] 陆大道. 论区域的最佳结构与最佳发展——提出"点—轴系统"和"T"型结构以来的回顾与再分析 [J]. 地理学报，2001，56（2）：127-135.

[59] 陆大道. 关于"点—轴"空间结构系统的形成机理分析 [J]. 地理科学，2002，22（1）：1-6.

[60] 陆大道. 中国区域发展的新因素与新格局 [J]. 地理研究，2003，22（3）：261-271.

[61] 陆大道，樊杰. 2050：中国的区域发展："中国至2050年区域科技发展路线图"研究报告 [M]. 北京：科学出版社，2009.

[62] 路江涌，陶志刚. 我国制造业区域集聚程度决定因素的研究[J]. 经济学（季刊），2007（3）：801－816.

[63] 陆铭. 玻璃幕墙下的劳动力流动——制度约束、社会互动与滞后的城市化 [J]. 南方经济，2011（6）：23－37.

[64] 陆铭. 建设用地使用权跨区域再配置：中国经济增长的新动力 [J]. 世界经济，2011，（1）：107－125.

[65] 陆铭，陈钊. 中国区域经济发展中的市场整合与工业集聚 [M]. 上海：上海人民出版社，2006.

[66] 陆铭，陈钊. 城市化、城市倾向的经济政策与城乡收入差距[J]. 经济研究，2004（6）：50－58.

[67] 陆铭，陈钊，严冀. 收益递增、发展战略与区域经济的分割[J]. 经济研究，2004（1）：54－63.

[68] 陆铭，冯皓. 集聚与减排：城市规模差距影响工业污染强度的经验研究 [J]. 世界经济，2014（7）：86－114.

[69] 陆铭，张航，梁文泉. 偏向中西部的土地供应如何推升了东部的工资 [J]. 中国社会科学，2015（5）：59－83.

[70] 吕力. 产业集聚、扩散与城市化发展——理论探讨与中国的实践 [D]. 武汉：武汉大学博士学位论文，2005.

[71] 罗胤晨，谷人旭. 1980～2011年中国制造业空间集聚格局及其演变趋势 [J]. 经济地理，2014，34（7）：83－89.

[72] 罗勇，曹丽莉. 中国制造业集聚程度变动趋势实证研究 [J]. 经济研究，2005（8）：106－127.

[73] 年猛，孙久文. 中国区域经济空间结构变化研究 [J]. 经济理论与经济管理，2012（2）：89－96.

[74] 孟庆民. 区域经济一体化的概念与机制 [J]. 开发研究，2001（2）：47－49.

[75] 庞效民. 区域一体化的理论概念及其发展 [J]. 地理科学进展，1997，16（2）：39－46.

[76] 皮建才. 中国地方政府间竞争下的区域市场整合 [J]. 经济研究，2008（3）：115－124.

[77] Poncet, Sandra. 中国市场正在走向"非一体化"? ——中国国内和国际市场一体化程度的比较分析 [J]. 世界经济文汇, 2002 (1): 3 – 17.

[78] 齐元静, 杨宇, 金凤君. 中国经济发展阶段及其时空格局演变特征 [J]. 地理学报 2013, 68 (4): 517 – 531.

[79] 覃成林等. 多级网络空间发展格局: 引领中国区域经济 2020 [M]. 北京: 中国社会科学出版社, 2016.

[80] 屈子力. 内生交易费用与区域经济一体化 [J]. 南开经济研究, 2003 (2): 67 – 70.

[81] 任志成, 张二震, 吕凯波. 贸易开放、财政分权与国内市场分割 [J]. 经济学动态, 2014 (12): 44 – 52.

[82] 盛斌, 毛其淋. 贸易开放、国内市场一体化与中国省际经济增长: 1985 ~ 2008 年 [J]. 世界经济, 2011 (11): 44 – 66.

[83] 盛龙, 陆根尧. 中国生产性服务业集聚及其影响因素研究——基于行业和地区层面的分析 [J]. 南开经济研究, 2013 (5): 115 – 129.

[84] 石磊, 马士国. 市场分割的形成机制与中国统一市场建设的制度安排 [J]. 中国人民大学学报, 2006 (3): 25 – 31.

[85] 孙大斌. 由产业发展趋势探讨我国区域经济一体化动力机制 [J]. 国际经贸探索, 2003, 19 (6): 71 – 74.

[86] 孙久文. 新常态下"十三五"时期区域发展面临的机遇与挑战 [J]. 区域经济评论, 2015 (1): 23 – 25.

[87] 孙久文, 原倩. 我国区域政策的"泛化"、困境摆脱及其新方位找寻 [J]. 改革, 2014 (4): 80 – 87.

[88] 孙铁山, 刘霄泉, 李国平. 中国经济空间格局演化与区域产业变迁——基于 1952 ~ 2010 年省区经济份额变动的实证分析 [J]. 地理科学, 2015, 35 (1): 56 – 65.

[89] 陶永亮, 李旭超, 赵雪娇. 中国经济发展进程、空间集聚与经济增长 [J]. 经济问题探索, 2014 (7): 1 – 7.

[90] 藤田昌久, 雅克 – 佛朗斯瓦·蒂斯著, 石敏俊等译. 集聚经济学: 城市、产业区位与全球化 (第二版) [M]. 上海: 格致出版社: 上海人民出版社, 2015.

[91] 万家佩, 涂人猛. 试论区域发展的空间结构理论 [J]. 江汉论坛, 1992 (11): 19 – 24.

［92］王晖. 区域经济一体化进程中的产业集聚与扩散［J］. 上海经济研究, 2008（12）: 30 - 35.

［93］王洁玉, 郭琪, 周沂等. 市场分割对中国制造业增长的影响——区域与产业差异［J］. 地理科学进展, 2013, 32（11）: 1592 - 1601.

［94］王良健, 何琼峰. 中国省际市场整合程度的空间特征及影响因素［J］. 地理研究, 2009, 28（5）: 1365 - 1377.

［95］王世磊, 张军. 中国地方官员为什么要改善基础设施?——一个关于官员激励机制的模型［J］. 经济学（季刊）, 2008, 7（2）: 383 - 398.

［96］王晓东, 张昊. 中国国内市场分割的非政府因素探析——流通的渠道、组织与统一市场构建［J］. 财贸经济, 2012（11）: 85 - 92.

［97］王业强, 魏后凯. 产业特征、空间竞争与制造业地理集中: 来自中国的经验证据［J］. 管理世界, 2007（4）: 68 - 77.

［98］韦伯著, 李刚剑, 陈志人, 张英保译. 工业区位论［M］. 北京: 商务印书馆, 1997.

［99］魏后凯. 我国宏观区域发展理论评价［J］. 中国工业经济研究, 1990（1）: 76 - 80.

［100］魏后凯. 改革开放30年中国区域经济的变迁——从不平衡发展到相对均衡发展［J］. 经济学动态, 2008（5）: 9 - 16.

［101］魏后凯. 新常态下中国城乡一体化格局及推进战略［J］. 中国农村经济, 2016（1）: 2 - 15.

［102］文东伟, 冼国明. 中国制造业产业集聚的程度及其演变趋势: 1998～2009年［J］. 世界经济, 2014（3）: 3 - 31.

［103］文玫. 中国工业在区域上的重新定位和聚集［J］. 经济研究, 2004（2）: 84 - 94.

［104］吴传清, 孙智君, 许军. 点轴系统理论及其拓展与应用: 一个文献述评［J］. 贵州财经学院学报, 2007（2）: 30 - 36.

［105］吴三忙, 李善同. 国内市场一体化与制造业地理集聚演变研究［J］. 山西财经大学学报, 2011, 33（8）: 60 - 68.

［106］肖金成, 欧阳慧等. 优化国土空间开发格局研究［J］. 经济学动态, 2012（5）: 18 - 23.

［107］行伟波, 李善同. 地方偏好、边界效应与市场一体化——基于中国地区间增值税流动数据的实证研究［J］. 经济学（季刊）, 2009, 8（4）:

1455 – 1474.

[108] 许政，陈钊，陆铭．中国城市体系的"中心—外围模式"——地理与经济增长的实证研究，世界经济，2010（7）：144 – 160.

[109] 徐现祥，李郇．市场一体化与区域协调发展［J］．经济研究，2005（12）：57 – 67.

[110] 徐现祥，王贤彬，高元骅．中国区域发展的政治经济学［J］．世界经济文汇，2011（3）：26 – 58.

[111] 姚士谋等．中国城市群［M］．合肥：中国科学技术大学出版社，2006.

[112] 姚先国，赖普清．中国劳资关系的城乡户籍差异［J］．经济研究，2004（7）：82 – 90.

[113] 杨宝良．我国渐进式改革中的产业地理集聚与国际贸易［M］．上海：复旦大学出版社，2005.

[114] 杨承训，阎恒．论"弗"字形网络布局和沿黄—陇兰经济带［J］．开发研究，1990（4）：31 – 37.

[115] 杨荫凯．国家空间规划体系的背景和框架［J］．改革，2014（8）：125 – 130.

[116] 杨荫凯．我国区域发展战略演进与下一步选择［J］．改革，2015（5）：88 – 93.

[117] 银温泉，才婉茹．我国地方市场分割的成因和治理［J］．经济研究，2001（6）：3 – 12.

[118] 张军．分权与增长：中国的故事［J］．经济学（季刊），2007，7（1）：21 – 51.

[119] 张可云．区域经济一体化：追求理想的共赢格局［J］．区域经济评论，2015（6）：5 – 7.

[120] 张伦．我国对外开放的"目"字形格局［J］．开发研究，1992（3）：11 – 14.

[121] 张学良．中国区域经济增长新格局与区域协调发展［J］．科学发展，2012（7）：64 – 78.

[122] 赵俊平，付会霞等．区域经济一体化理论与实践［M］．哈尔滨：黑龙江大学出版社，2012.

[123] 赵奇伟，熊性美．中国三大市场分割程度的比较分析：时间走势

与区域差异 [J]. 世界经济，2009（6）：41-53.

[124] 赵伟，张萃. 市场一体化与中国制造业区域集聚变化趋势研究 [J]. 数量经济技术经济研究，2009（2）：18-32.

[125] 郑毓盛，李崇高. 中国地方分割的效率损失 [J]. 中国社会科学，2003（1）：64-72.

[126] 周黎安. 晋升博弈中政府官员的激励与合作——兼论我国地方保护主义和重复建设问题长期存在的原因 [J]. 经济研究，2004（6）：33-40.

[127] 周靖祥，何燕. 城镇农村劳动力"吸纳"与区域经济增长实证检验——基于1990~2006年省际所有制变革视角探析 [J]. 世界经济文汇，2009（1）：33-49.

[128] 周茂权. 点轴开发理论的渊源与发展 [J]. 经济地理，1992，12（2）：49-52.

[129] 周文良. 区域一体化背景下的制造业集聚、扩散趋势——基于广东省的分析 [J]. 经济问题探索，2007（3）：54-62.

[130] 朱希伟，金祥荣，罗德明. 国内市场分割与中国的出口贸易扩张 [J]. 经济研究，2005（12）：68-76.

[131] Amiti M. Specialization patterns in Europe [J]. Weltwirtschaftliches Archiv, 1999 (135): 573-593.

[132] Audretsch D, Feldman M. R & D spillovers and the geography of innovation and production [J]. American Economic Review, 1996 (86): 630-640.

[133] Audretsch, D. B. and P. E. Stephan. Company-Scientist Locational Links [J]. The Case of Biotechnology American Economics, 1996, 86 (3): 641-652.

[134] Bai, Chong-En, Yingjuan Du, Zhigang Tao, and Sarah Y. Tong. Protection and Regional Specialization: Evidence from China's Industries, Working Paper, Feb. 2002.

[135] Bai C, Du Y, Tao Z. Local protectionism and regional specialization: evidence from China's industries [J]. Journal of International Economics, 2004 (63): 397-417.

[136] Balassa B A. The theory of economic integration. New York: Greenwood Press, 1961.

[137] Bela A. Balassa. The Theory of Economic Integration. London, George Allen and Unwin LTD, 1961.

［138］ Best E. Capacities for regional integration: A conceptual framework for comparative analysis Madeleine O H, Avlid S. Free trade agreements and customs unions: Experience, challenges and constraints. Bode, E. Productivity effects of agglomeration externalities. Third Spatial Econometrics Workshop, Strasbourg, cournot. u strasbg, 1997.

［139］ Blanchard, O. and A. Shleifer. Federalism with and without Political Centralization: China versus Russia, MIT Working Paper 00 – 15, 2000.

［140］ Braunerhjelm P, Johansson D. The determinants of spatial concentration: the manufacturing and service sectors in an international perspective ［J］. Industry and Innovation, 2003 (10): 41 – 63.

［141］ Brulhart M. Economic geography, industry location and trade: the evidence ［J］. World Economy, 1998 (13): 775 – 801.

［142］ Brulhart M. Evolving geography concentration of European manufacturing industries ［J］. Weltwirtschaftliches Archiv, 2001 (137): 215 – 243.

［143］ Carlino A. Economies of Scale in Manufacturing Location. Boston: Martinus Nijhoff Social Science Division, 1978.

［144］ Catin M, Luo X, Van C. Openness, industrialization and geographic concentration of activities in China. World Bank Policy Research Working Paper 3706, 2005.

［145］ Crozet, Matthieu and P. K. Soubeyran. EU Enlargement and the Internal Geography of Countries ［J］. Journal of Comparative Economics, 2004 (32): 265 – 279.

［146］ Davies D R, Weinstein D E. Economic geography and regional production structure: an empirical investigation ［J］. European Economic Review, 1999 (43): 379 – 407.

［147］ Devereux M P, Griffith R, Simpson H. The geographic distribution of production activity in the UK ［J］. Regional Science and Urban Economic Review, 2004 (43): 379 – 407.

［148］ Dumais G, Ellison G, Glaeser E L. Geographic concentration as a dynamic process ［J］. The Review of Economics and Statistics, 2002 (84): 193 – 204.

［149］ Duranton G, Puga D. Micro-foundations of urban agglomeration economies. NBER Working Paper: 9931, 2003.

[150] Ellison G, Glaeser E L. Geographic concentration in U. S. manufacturing industries: a dartboard approach [J]. Journal of Political Economy, 1997 (105): 889 – 927.

[151] Ellison G, Glaeser E L. The geographic concentration of industry: does natural advantage explain agglomeration? [J]. American Economic Review, 1999 (89): 311 – 316.

[152] Forslid, R., J. I. Haaland, K. H. Midelfart Knarvik. A U-shaped Europe? A simulation study of industrial location [J]. Journal of International Economics, 2002 (57): 273 – 297.

[153] Fujita, M. Monopolistic Competition Model of Spatial Agglomeration: Differentiated Product Approach [J]. Regional Science and Urban Economics, 1988 (18): 87 – 124.

[154] Fujita M, Thisse J F. Economics of agglomeration [J]. Journal of the Japanese and International Economies, 1996 (10): 339 – 378.

[155] Ge, Y. Globalization and Industrial agglomeration in China [J]. World Development, 2009, 37 (3): 550 – 559.

[156] Haaland J, Kind H, Midelfart-Knarvik K, et al. What determines the economic geography of Europe. CEPR Discussion Paper, No. 2072, 1999.

[157] Hanson, G. Market Potential, Increasing Returns, and Geographic Concentration, NBER Working Paper 6429, 1998.

[158] Hanson G H. North American economic integration and industry location [J]. Oxford Review of Economic Policy, 1998 (14): 30 – 44.

[159] Hanson G H. Scale economies and the geographical concentration of industry [J]. Journal of Economic Geography, 2001 (1): 255 – 276.

[160] He, C., Y. Wei and X. Z. Xie. Globalization, Institutional Change and Industrial Location: Economic Transition and Industrial Concentration in China [J]. Regional Studies, 2008, 42 (7): 923 – 945.

[161] He, C. and J. S. Wang. Geographical agglomeration and Co-agglomeration of foreign and domestic enterprises in China [J]. Post-Communist Economies, 2010, 22 (3): 323 – 343.

[162] Henderson J V. Efficiency of resource usage and city size [J]. Journal

of Urban Economics, 1986 (19): 4 – 70.

[163] Henderson, J. V. The Sizes and Types of Cities [J]. American Economic Review, 1974 (64): 640 – 656.

[164] Holmes T J, Stevens J J. Geographic concentration and establishment scale [J]. Review of Economics and Statistics, 2002 (84): 682 – 690.

[165] Hoover E M. Location Theory and the Shoe and Leather Industries [M]. Cambridge, MA: Harvard University Press, 1937.

[166] Isard W. Location and Space Economy [M]. New York: John Wiley & Sons, 1956.

[167] Kanemoto Y. Optimal cities with indivisibility in production and interactions between firms [J]. Journal of Urban Economics, 1990 (27): 46 – 59.

[168] Kim S. Expansion of market and the geography distribution of economic activities: the trends in U. S. regional manufacturing structure, 1986 – 1987. Quarterly Journal of Economics, 1995 (110): 881 – 908.

[169] Kim S. Regions, resources and economic geography: source of US regional comparative advantage, 1880 – 1987. Regional Science and Urban Economics, 1999 (29): 1 – 32.

[170] Krugman, P. Increasing returns and economic geography [J]. Journal of Political Economy, 1991, 99 (3): 483 – 499.

[171] Marshall A. Principles of Economics: An Introductory [M]. London: Macmillan, 1890.

[172] Naughton, B. How Much Can Regional Integration Do to Unify China's, 1999.

[173] Nye J S. Comparative regional integration: Concept and measurement [J]. International Organization, 1968, 22 (4): 855 – 880.

[174] Ohlin B. Interregional and International Trade [M]. Combridge: Harvard University Press, 1957.

[175] Paluzie E, Pons J, Tirado D. Regional integration and specialization patterns in Spain [J]. Regional Studies, 2001 (35): 285 – 296.

[176] Poncet, S. Measuring Chinese domestic and international integration [J]. China Economic Review, 2003 (14): 1 – 21.

[177] Poncet, S. A fragmented China: Measure and determine market disin-

tegration [J]. Review of International Economics, 2005 (13): 409 – 430.

[178] Porter M. The Competitive Advantage of Nations [M]. New York: Free Press, 1990.

[179] Peter Robson. The Economics of International Integration. London, 1991.

[180] Richardson, H. W. The economics of urban size. Saxon House, Lexington Books, Farnborough. Lexington, Mass, 1973.

[181] Rosenthal, S. and Strange, W. The Determinants of Agglomeration [J]. Journal of Urban Economics, 2001, 50 (2): 191 – 229.

[182] Robertis G. European integration and internal economic geography: the case of the Italian manufacturing industry 1971 – 1991 [J]. The International Trade Journal, 2001 (6): 345 – 371.

[183] Scott A. The collective order of flexible production agglomerations: lessons for local economic development policy and strategic choice [J]. Economic Geography, 1992 (68): 219 – 233.

[184] Sjoberg O, Sjoholm F. Trade liberalization and the geography of production: agglomeration, concentration and dispersal in Indonesia's manufacturing industry [J]. Economic Geography, 2004 (80): 287 – 310.

[185] Stigler G. The division of labor is limited by the extent of the market [J]. Journal of political economy, 1951 (59): 129 – 141.

[186] Venables A. Equilibrium locations of vertically linked industries [J]. International Economic Survey, 1996, 37 (2): 693 – 708.

[187] Victoriia Curson. The Essentials of Economic Integration, New York, St. Martin's Press, 1974.

[188] Wen, Mei. Relocation and Agglomeration of Chinese Industry [J]. Journal of Development Economics, 2004 (73): 329 – 347.

[189] Xu, Xinpeng. Have the Chinese Provinces Become Integrated under Reform? [J]. China Economic Review, 2002 (13): 116 – 133.

[190] Young, A. The razor's edge: Distortions and incremental reform in the People's Republic of China [J]. Quarterly Journal of Economics, 2000 (115): 1091 – 1136.